# 대학 수업은_처음입니다

### 대학 교수자를 위한
### 교육과 수업 안내서

박수정 저

학지사

# 머리말

대학 수업이 처음인가요?

대학 수업을 하고 있지만 늘 처음 같은가요?

어떻게 하면 좋은 교육을 할 수 있을까요?

좋은 선생님이 되려면 어떻게 해야 할까요?

교육은 연구보다 어렵게 느껴집니다. 혼자 할 수 있는 것이 아니라 학생들과 함께하는 만남이기 때문일까요? 교육을 받았지만 교육을 제대로 배운 적이 없어서 그렇습니다.

책으로 만나는 저는 충남대학교 교육학과에서 학생들을 가르치고, 교육행정과 교사교육을 연구하는 박수정 교수입니다. 대학원 석사과정을 마치고 중학교에서 잠시 교직생활을 하였습니다. 중학생들을 수업에 집중하게 만드는 것은 쉽지 않았습니다. 어떻게 하면 학생들이 제대로, 즐겁게 공부할 수 있을까 관심이 많아졌고, 여러 가지 교육방법을 연구하고 시도해 보았습니다. '모둠학습'으로 불리는 팀 학습에 관심을 갖게 된 것도 이때였습니다.

박사과정을 마치고 대학에 왔습니다. 이번에는 대학생들의 수업이 고민이 되었습니다. 연구도 중요하지만, 강의실에서 만나는 학생들과의 수업을 잘하고 싶었습니다. 팀기반학습과 액션러닝 등 팀 학습 모형을 다양하게 적용해 보았고, 스마트폰 영화를 만드는 수업도 했습니다. 수업에 대한 반응과 학생들의 변화를 체감할 수 있었고, 수업 사례를 연구물로도 발표하였습니다.

교육과 수업을 고민하다 보니 연구에서도 성과가 있었습니다. 대학 교수법 특강과 워크숍에서 대학 교수자들을 만나 수업 사례를 소개하고, 마이크로티칭과 수업 컨설팅에서 도움을 드리고 있습니다. 그리고 책이 도움이 되지 않을까 생각해 보았습니다. 코로나19를 겪으면서 『온라인 수업에서 팀 학습 어떻게 할까』를 발간하였고, 이번에는 대학 교수자의 첫걸음을 위한 안내서로 『대학 수업은 처음입니다』를 저술하게 되었습니다.

이 책은 이론서가 아닙니다. 수업 사례를 기반으로 적용할 수 있는 실제 팁을 많이 포함하였습니다. 그렇지만 수업의 기반은 철학이며, 교육학 지식도 큰 도움이 됩니다.

제1장에서는 대학에서 교육과 수업의 의미를 살펴보았습니다. 교수자에게 필요한 전문성과 좋은 수업의 특징을 확인하고, 이를 위해 필요한 거시적인 차원의 환경도 짚어 보았습니다.

제2장에서는 대학 수업을 위한 교육학 기초를 살펴보았습니다. 교육철학의 중요성을 시작으로, 교육과정, 수업, 교육평가의 가장 기초적인 내용을 정리해 보았습니다. 교육학 개론을 공부하는 느낌일 수도 있습니다. 아는 만큼 보이고, 자신감도 커집니다.

제3장부터는 수업의 단계에 따라, 수업의 계획(제3장), 수업의 운영(제4장), 수업의 평가와 성찰(제5장) 순서로 각각 중요한 내용을 살펴보았습니다. 실제적인 팁을 가장 많이 얻을 수 있는 부분입니다. 교육학 기초와 함께 좋은 수업을 만드는 데 참고가 될 것입니다.

제6장은 심화 단계로 팀 학습에 대해 소개하였습니다. 학생의 참여를 이끌어 내는 수업으로 팀 학습을 추천합니다. 생각한 대로 잘되지 않는 팀 학습, 어떻게 접근하면 될까요? 더 자세한 내용은 『온라인 수업에서 팀 학습 어떻게 할까』를 참고하기 바랍니다.

학생의 학습과 성장은 교육의 목적이며 교수자의 보람입니다. 잘하는 부분은 더 잘하고 부족한 부분은 채우는 교수자, 조금씩 시도해 보고 꾸준하게 변화하는 교수자, 그리고 의미 있는 보람을 거두는 교수자가 됩시다.

# 차례

## 대학생들의 목소리 : 대학 교수자에게

충남대학교에서 교직 수업(교육행정 및 교육경영)을 수강한 대학생들이
대학 교수자에게 하고 싶은 말을 먼저 전합니다. 저도 많이 반성이 됩니다!

"강의계획서가 자세하면 좋겠습니다. 가끔 아무것도 적혀 있지 않을 때는 수강신청을 할
때 고민이 됩니다."

"글씨를 천천히 써 주세요. 무슨 말인지 잘 모를 때가 있어요."

"너무 PPT 위주로 수업하지 말아 주세요. 수식은 판서를 따라가는 게 이해하기 쉬워요."

"이전 학기에 썼던 자료는 업데이트한 후 사용해 주세요. 오탈자가 있고 작성한 지 오래된
자료는 수업에 대한 흥미가 떨어집니다."

"학습기기 사용 및 통제 방법을 익히거나 이를 도와줄 수 있는 학생을 뽑아 주세요. 시간
낭비를 방지하면 좋겠습니다."

"넓은 강의실에서는 마이크를 사용해 주세요. 뒷자리에서는 목소리가 잘 들리지 않아 강의
를 따라가기 어려워요."

"수업 진도를 미리 알려 주시고 꼭 따라 주세요. 시험 며칠 전에 몰아서 나가면 단기간에
학습하기 어려워요."

"학생을 참여시키는 수업을 해 주세요. 강의만 하는 수업은 졸려서 듣기 힘들어요."

"수업시간의 경계가 명확했으면 좋겠어요. 수업시간에 가능하면 모든 내용을 다루고 수업
외 시간은 자기계발에 투자하고 싶어요."

"과제와 평가에 대한 피드백을 해 주세요. 잘한 점, 보완할 점을 알면 공부에 도움이 됩니다."

"대학생을 하나의 인격체로 소중히 대해 주세요. 법적으로는 성인이나 인격적으로는 성인
이 아닌 대우를 받기도 합니다."

# 제1장

# 대학에서
# 교육과 수업

'대학은 교육기관이다'
얼마나 동의하십니까?
당연한 질문을 하는 것인지도 모르겠습니다.

현실은 어떻습니까?
대학에서 중시하는 것은 교육보다 연구가 아닌가요?
연구실적을 쌓고 연구과제를 수주하는 것이 더 중요하지 않나요?
학생들은 수업보다 취업 준비에 더 집중하고 있지 않은가요?
대학 졸업장이 아니라면 대학을 굳이 다닐 필요가 있을까요?

대학이 존재하는 이유는 '학생'입니다.
대학은 교육기관으로서의 정체성을 가져야 하며, 대학생들에게 좋은 수업을 제공
해야 할 책임이 있습니다. 좋은 수업은 취업과 진로를 위한 역량을 키우는 중요한
기반입니다. 수업이 잘 되면 연구도 잘할 수 있습니다.
대학에서 교육과 수업의 의미를 되새겨 보고자 합니다.

대학은 학생들을 교육하는 고등교육기관입니다.
앞으로 우리 학생들은 어떤 시대를 살아갈까요?

직장에서도 4지 선다형 문제를 풀 것이다

vs 정답이 없는 문제를 풀 것이다

대학에서 배운 것으로 평생 먹고 살 것이다

vs 평생 배워야 잘 살 수 있다

취업에서 학벌이 가장 중요할 것이다

vs 역량이 가장 중요할 것이다


'답이 정해진 질문'이었을까요?

초등학교부터 대학까지 줄곧 정답이 있는 문제를 풀어 왔지만, 졸업 후 마주하는 현장에서는 더 이상 그런 문제를 풀지 않습니다. 정답이 있는 문제와 정답만을 가르쳐야 할까요? 정답이 없는 문제를 풀게 될 사회에서는 과연 어떠한 능력과 태도가 중요할까요?

대학의 학습은 완결형이 될 수 없습니다. 사회에서 또 다른 배움을 위한 기초 소양 쌓기의 의미가 클 것입니다. 진로와 직업이 바뀌는 일은 빈번하고 자연스러운 일입니다. 모두가 평생학습자이며, 배움을 찾는 사람, 잘 배울 수 있는 사람이 되어야 합니다.

최근 기업에서 학벌의 비중을 대폭 낮추고 직무 능력을 중심으로 선발하는 채용 추세가 확산되고 있습니다.[1] 어떤 직장에서 일 못하는 사람을 좋은 대학 나왔다고 뽑겠습니까? 학벌의 비중은 줄고 역량으로 고용하는 시대가 왔습니다. 평생직장이 사라진 시대, 이직과 창업에도 역시 역량이 요구됩니다.

그렇다면 대학은 어떤 교육을 해야 할까요?
내가 배웠던 대로 가르치면 될까요?
대학 교수자는 어떻게 가르쳐야 할까요?

## 대학에 불어오는 바람

대학에 변화의 바람이 불어오고 있습니다.
변하지 말아야 할 것은 지키면서, 변해야 할 것은 무엇인지 정확하게 파악하면서 제대로 변해야 합니다.

■ 대학의 변화 ■

대학 변화 요구

'가르침'에서
'학습'으로

학령 인구 감소

학습자 중심 교육

'역량' 중심 교육

교육의 성과와
만족도

학습자의 개별성

첫째, '**가르침**'에서 '**학습**'으로의 변화를 요구합니다. '가르치는 것이 곧 학습되는 것'이 아니라는 것은 모두가 알고 있습니다. 'Teach less, Learn more.' 싱가포르의 교육개혁 구호였습니다. 학습이 이루어지지 않으면 교수(teaching)는 의미가 없습니다. 학습자의 배움을 중심에 두고 가르치라는 뜻이겠지요. 이러한 학습을 이끌기 위해서 교수자의 역할은 더 중요해집니다.

둘째, '**역량**'을 기르는 교육이 필요합니다. '고성과자의 행동특성'에서 출발한 역량의 개념이 교육에서 주목받고 있으며, 학습한 지식과 기술을 실천하는 능력을 길러 줄 것을 요구하고 있습니다. 예컨대, 4C, 즉 창의성(Creativity), 비판적 사고(Critical thinking), 의사소통(Communication), 협력(Collaboration)이 강조되고 있으며,[2] 최근 OECD에서는 학생에게 필요한 역량으로 새로운 가치를 창출하는 변혁적 역량(transformative competencies)을 강조하였습니다.

셋째, 학습자의 **개별성**이 더욱 중요해졌습니다. 산업화 시대 'One size fits all.'의 공장제 학교 모델은 사라질 때입니다. '한 사람'이 소중한 시대, 학교는 개인화 학습(personalized learning)이 이루어지는 맞춤형 교육기관이 되어야 합니다.[3] 수월성(excellence)이 가장 요구되는 단계인 대학은 그러한 교육기관이 되어야 하고 될 수 있습니다.

넷째, 교육의 **성과**와 **만족도**를 보여 주어야 합니다. 대학교육의 성과는 교과 및 비교과 교육과정과 수업의 질, 학생 상담과 관리, 취업 성과 등 다양한 측면에서 입증해야 합니다. 무크(MOOC)와 코세라(Coursera) 등 우수한 공개강의 프로그램, 미네르바(Minerva) 대학과 같이 비대면 고등교육과정 등 대학교육을 대체할 수 있는 프로그램과도 경쟁하여 무엇을 하고 있는지 보여 주어야 합니다.

다섯째, **학령 인구 감소**는 대학의 위기를 가속화하고 있습니다. 대학 정원의 충원이 당면 문제인 상황에서, 교육기관으로서의 면모를 갖춘 대학만이 살아남을 자격을 가질 것입니다.

위기 속에서도 제대로 교육하는 대학은 살아남을 것이라고 생각합니다.

대학에 대한 **변화**의 목소리도 높습니다. 급변하는 환경 변화와 사회적 요구에 부합하는 방향으로 대학의 학과체제와 교육과정 변화를 요구하고 있지요. 고등교육기관으로서 지켜야 할 부분은 분명히 있지만, 사회 변화에 대한 민감성은 좀 더 갖출 필요가 있습니다.

전통적으로 대학은 연구, 교육, 봉사의 역할을 수행하면서 연구의 기능이 중요하게 인식되었고, 교육은 다소 부차적인 것으로 여겨지는 경향이 컸던 것이 사실입니다. 대학에서 교육, 그리고 수업의 의미를 본격적으로 들여다보기 시작한 것은 2000년대 들어서면서부터입니다.

무엇보다 '대학은 교육기관'이라는 정체성 인식이 필요합니다.

대학이 존재하는 이유는 '학생'이며, 학생의 삶과 진로에 영향을 주어야 합니다. 대학의 연구 기능이 교육으로 전환되고 다시 연구로 선순환될 수 있으며, 미래의 대학 교원을 길러 내는 역할도 할 것입니다. 대학의 교육과 수업의 방향은 학습자와 학습을 교육의 중심에 두고 사고하는 '**학습자 중심 교육**(learner-centered education)'이 되어야 합니다.

## 대학 교수자의 현실과 지향

대학의 교수자가 되는 사람은 어떤 사람들인가요?

대부분 해당 분야의 박사학위를 소지한 '연구 전문가'가 강단에 서게 됩니다. 최근에는 산학 연계를 위해 현장 경력이 있는 '실무 전문가'가 늘어나는 추세입니다.

대학 교원으로 임용되거나 강의를 맡게 되어 대학 수업을 담당하게 된 대학 교수자의 현실은 어떨까요?

**대학 교수자의 현실**

- 연구가 중요한 상황에서 교육을 중시하기 어렵다.
- 대부분 교육에 대한 전문적인 학습 기회가 없었다.
- 학생으로서 받았던 수업의 범위 안에서 수업을 구상한다.
- 학습자의 수준이 전반적으로 기대에 미치지 않는다.

대학 교수자에게 우선적으로 필요한 업적은 연구 업적입니다. 특히 실험실 세팅이 중요한 이공계열 교수들의 경우, 초기 정착이 매우 중요합니다. 분야를 막론하고 채용과 재임용, 승진에는 연구 실적이 결정적입니다. 교육 역량이 큰 영향력을 발휘하는 것 같지는 않습니다. 연구에 비해 교육에 중점을 두기는 쉽지 않습니다.

교육학 전공자를 제외하고는 대부분 교육에 대한 전문적인 학습 기회가 없었기 때문에 대학 수업을 준비하는 데에도 어려움을 겪습니다. 신임 교수자 대상의 특강이 있지만 충분치 않지요. 수업은 오롯이 가르치는 사람에게 맡겨진 일이라, 오래전 학생으로서 수업을 받은 경험의 범위 안에서 수업을 구상하고 준비하게 됩니다. 타고난 교수자도 있지만, 대부분 시행착오를 거치는 것은 당연합니다.

수업에서 만나는 학생들에게 실망하는 경우도 발생합니다. 연구자로 성장한 자신과 달리 모든 학생이 전공에 몰입하는 것은 아니며, 학업 능력과 의지가 낮다고 판단되기도 합니다. 열의를 가지고 준비한 수업에 학생들이 소극적인 모습을 보이면, 수업에 대한 기대와 준비를 줄이게 되기도 합니다.

그러나 생각을 조금 달리할 필요가 있습니다. 수업은 계속해서 운영해야 하는 시간이고, 수업을 통해 학생들은 성장합니다. 대학 교수자로서 현실적인 어려움이 있지만, 교육을 통해 성취감과 보람을 경험할 수 있는 길은 없을까요? 다음과 같은 대학 교수자의 지향은 어떨까요?

> ## 대학 교수자의 지향
>
> - 일상적인 교육활동이 잘 되면 연구도 더 잘할 수 있다.
> - 교육에 대한 학습이 필요하고, 조금만 노력하면 수업은 바뀐다.
> - 학생은 지식을 다양하게 활용하고 새롭게 창조할 것이다.
> - 교육철학과 학습목표를 위한 수단이 교수법이다.

무엇보다 교육이 잘 되면 연구도 더 잘할 수 있습니다. 일상적인 수업이 잘 운영되면 연구에 더욱 집중할 수 있고, 다른 활동도 잘할 수 있겠지요. 특히 신임 교수자 시기에 교육에 집중하고 수업이 자리를 잡는 것이 중요합니다. 수업을 열심히 하다 보면 수업 사례를 연구로 발표할 수도 있답니다.

교육과 교수법에 대해 공부하는 시간과 노력을 조금은 투입해야겠지요? 1년에 100시간만 투자해도 10년이면 1,000시간입니다. 관련되는 책이나 논문을 찾아 읽고, 대학에서 실시하는 교수법 특강에 참여하거나 교수자 학습모임에 참여하는 등 원하는 방식으로 학습하고 조금만 노력해도 수업은 달라집니다.

학생에 대한 관점도 바꿀 필요가 있습니다. **Y이론**에서는 적절한 기회가 주어진다면 누구든지 성장하려는 자세가 발휘된다고 봅니다. 학생의 잠재력과 가능성을 믿고, 다음 세대의 주역인 우리 학생들을 따뜻하게 바라봐 주세요. 교수자의 기대만큼 학생은 행동하고 성장할 것입니다.

**교수법**은 교육철학과 학습의 목표 달성을 위한 수단입니다. **교육철학**을 정립하는 것이 먼저입니다. 올바른 교육철학과 목표 위에서, 교수법을 다양하게 알아 두면 내가 사용할 수 있는 무기가 많아지는 것이 되겠지요. 교수법을 통해 좋은 교육을 하는 데 가까워질 수 있습니다.

교육은 "'무엇'을 가르친다"고도 하고, "'사람'을 가르친다"고도 표현합니다. 사실, '대상'이 없다면 가르치는 '내용'은 아무것도 아닙니다. 내용이 대상에게 갖는 의미가 중요합니다. 유일무이한 존재로서 인간, 그 소중한 존재와의 만남이 교육입니다.

수업을 통한 만남, 그리고 수업을 뛰어넘는 만남이 교수자를 기다리고 있습니다!


## 대학 교수자에게 필요한 교육 전문성

대학 수업을 처음부터 잘하는 사람이 있을까요?

제대로 배운 적이 없고, 배웠다 하더라도 처음부터 잘하기는 어렵지요. 체계적으로 가르쳐 주거나 도와주는 사람도 없습니다. 수업은 전적으로 대학 교수자 개인의 영역입니다. 원하지 않은 고립과 전적인 책임은 오래된 교육의 특성입니다. 그리고 이렇게 자율성이 높은 것은 '전문성' 때문입니다.

대학 교수자에게는 어떠한 **전문성**이 요구될까요?

가르치는 사람, 수업하는 사람을 가리켜 **교수자**(instructor)'라고 합니다. 대표적인 교수자가 '교사'이며, '선생님'이라고 부릅니다. 교사, 교수자에게 요구되는 전문성은 크게 세 부분으로 나눠집니다.

■ 교수자가 갖추어야 할 전문성 ■

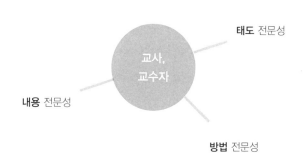

수학을 가르치는 교사를 생각해 볼까요? 수학을 잘 알고 잘하는 것은 기본이겠지요. 이것을 학생 눈높이에 맞게 가르치는 기술도 필요합니다. 교육대학과 사범대학에서 예비교사들을 4년간 양성하는 것도 바로 이것이 중요하기 때문입니다. 이것이 수학자와 수학교사를 구분하는 큰 지점입니다.

수학 선생님이 수학을 잘 알고, 수학을 잘 가르치면 최고의 선생님인데, 또 무엇이 더 필요할까요? '우리 선생님은 수업에 열정을 쏟는구나' '우리가 수학을 잘 배우기를 진정 바라는구나' 하는 그 마음이 전달된다면, 학생들을 더욱 움직이게 하겠지요. 그런 선생님, 만나 보셨나요?

교수자는 내용 전문성과 방법 전문성, 그리고 열정, 헌신, 진정성과 같은 태도 전문성을 갖추어야 합니다. 대학 교수자의 경우 대부분 **내용 전문성**은 확실히 갖추고 있을 것입니다. 대부분 자신의 연구 분야에서 박사학위를 취득하고 연구 실적을 갖추었으니 말이지요. 그럼에도 계속 업데이트해야 함은 물론입니다.

문제는 **방법 전문성**입니다. 대학에서 교직과정을 이수했거나 교육학을 전공한 교수자를 제외하고는 공부할 기회가 거의 없었다고 봐야 합니다. 그래서 방법 전문성을 새롭게 키워야 합니다. 개인적인 노력도 필요하고, 대학에서의 지원도 필요합니다. 앞에서도 강조한 것처럼, 시간과 노력을 조금만 투입하면 방법 전문성도 키워지고 발휘될 것입니다.

마지막으로 **태도 전문성**, 이것은 어떻습니까? 자신 있지 않나요? 학생들은 대학 교수자들이 교육방법의 전문가가 아니라는 것을 알고 있습니다. 수업을 위해 노력하는 모습, 진정성 있는 모습만 보아도 충분히 이해합니다. 가장 중요한 것은 어쩌면 태도일지도 모르겠습니다. 태도는 장착이 되었지요?

교수자가 갖추어야 할 전문성, 역량에 대한 여러 연구가 있습니다. 교육학 연구 차원에서도 이루어지지만, 각 대학에서 교수 지원에 활용할 목적으로 활발하게 연구되고 있습니다.

제가 근무하는 충남대학교에서는 2017년에 **교수자**에게 요구되는 6대 핵심역량(PRIMER)을 개발하였습니다.[4] 확고한 교육철학 실천 역량, 철저한 수업 준비 역량, 소통하는 상호작용 및 상담 역량, 체계적 수업방법 및 운영 역량, 다면적 평가 역량, 발전적 수업 성찰 역량입니다.

■ 충남대학교 교수자 6대 핵심역량: PRIMER ■

| | | |
|---|---|---|
| P | Philosophy 확고한 교육철학 실천 역량 | 교육의 목표 및 내용에 대한 심도 있는 이해와 교육자로서의 윤리의식을 바탕으로 한 확고한 교육철학 실천 역량 |
| $R_1$ | Readiness 철저학 수업준비 역량 | 구체적인 강의계획서 작성, 체계적인 수업 구성, 참신한 강의자료 준비, 다양한 교수법 습득과 활용을 위한 철저한 수업 준비 역량 |
| I | Interaction 소통하는 상호작용 및 상담 역량 | 수업에 적극적으로 참여하는 수업 풍토를 조성하고 민주적인 대화·절차에 의해 서로 소통하는 상호작용 및 상담 역량 |
| M | Management 체계적 수업방법 및 운영 역량 | 모든 학생의 학습을 촉진하여 수업의 효과를 극대화할 수 있는 학습자 중심의 체계적 수업방법 및 운영 역량 |
| E | Evaluation 다면적 평가 역량 | 명확하고 공정한 평가 기준 및 절차, 평가방법, 효과적인 피드백에 의해 수업목표를 달성할 수 있는 다면적 평가 역량 |
| $R_2$ | Reflection 발전적 수업 성찰 역량 | 공식적·비공식적으로 강의평가 결과를 분석하여 수업 컨설팅 참여, 강의내용의 지속적인 업데이트 등 강의 개선을 위한 발전적 수업 성찰 역량 |

교육철학을 가장 먼저 제시한 것에 주목해 주기 바랍니다. 철학 없는 교육은 공허하지요. 이를 달성하기 위해 수업을 계획하고 운영하고 평가하는 것, 적절한 상호작용과 관계 맺기, 발전을 위한 성찰이 매우 필요하다는 것에 동감합니다. 내가 수업하는 대학에서 제시하고 있는 교수자 역량과 교수자 역량 강화를 위한 프로그램도 찾아보기 바랍니다.

초·중등학교 교사가 갖출 핵심역량에 대해 연구한 바 있습니다.[5] 서울시교육청에서 교원을 대상으로 하는 종단조사에서 현재 활용되고 있는데, 바로 '4C(창의성, 비판적 사고, 의사소통, 협력)'입니다. 학생과 마찬가지로 교사에게도 4C가 필요하다고 보았습니다. 거기에 하나 더 추가하여, **변화**(Change)', 즉 '5C'를 제안합니다. 변화에 대응하고 변화를 만드는 역량입니다. 사회와 기술의 변화, 학생의 변화, 코로나19와 같은 예기치 못한 변화에 직면하여 변화에 대한 민감성을 가지고 내 수업을 더 나은 수업으로 변화시킬 수 있는 교수자! 대학도 마찬가지입니다. 변화하는 학교, 변화 역량을 갖춘 교수자가 필요합니다.

최근에는 '군 교관'의 역량에 대한 연구도 하였습니다. 교육이 이루어지는 곳이라면 어디든, 교수자의 전문성은 대단히 중요합니다. 상투적인 말로 들릴 수 있지만 '교육의 질은 교사의 질을 넘어설 수 없다'는 말은 진리입니다!

## 대학생이 원하는 수업

대학생들은 어떤 수업을 원할까요?

어떤 수업을 **좋은 수업**으로 생각할까요?

교육방법 전문가인 경기대학교 장경원 교수는 긍정적 탐구 접근을 통해 대학생들이 인식하는 좋은 수업의 특징을 14가지로 제시하였습니다.[6] 하나씩 읽어 보면서 내가 잘하고 있는 것, 좀 더 필요한 것이 무엇인지 확인해 보기 바랍니다.

▪ 학생들이 인식하는 대학의 좋은 수업 ▪

1. 이해하기 쉽게 설명한 수업
2. 실제로 적용할 수 있는 전략을 제시한 수업
3. 다양한 자료를 활용한 수업
4. 실제 사례를 제시한 수업
5. 재미있는 수업
6. 전문성이 잘 드러난 수업
7. 학습내용을 활용할 수 있는 기회가 있는 수업
8. 생각할 수 있는 기회가 있는 수업
9. 사고 및 학습 방법을 배우는 수업
10. 적절한 피드백이 있는 수업
11. 참여할 수 있는 기회가 있는 수업
12. 실제(적) 과제를 해결하는 수업
13. 자유롭게 소통할 수 있는 수업
14. 조별 활동이 있는 수업

'재미있는 수업'이라, 대학 수업이 꼭 재미있어야 하나 싶기도 하지만, 사실 모든 학습에서 '재미'는 반드시 필요한 요소입니다. 신기하게도(!) 공부가 즐거운 느낌, 지루함을 못 느낀 수업 시간, 경험해 보셨을까요? 교수자의 유머가 아니더라도 재미있는 수업을 구성하는 요소는 다양합니다. '전문성'에 대한 기대도 높지요. 특히 학교급이 높아질수록 전문성은 기본적으로 요구되는 것이기도 합니다. '조별 수업'을 학생들은 좋은 수업의 요소로 꼽았는데, 과연 '좋아하는 수업'인지는 살펴봐야 할 것 같습니다. 팀 학습은 6장에서 좀 더 살펴봅니다.

대학의 좋은 수업의 특성에 대한 문화기술적 연구의 결과를 살펴보겠습니다.[7] 인문사회계열 대학 수업에서 좋은 수업을 '학생의 입장에서 남는 것이 많은 수업'이라고 분석하였는데, 동의하는지요? 학생의 입장으로 돌아가 본다면 고개를 끄덕일 것 같습니다. 이것은 교수자의 열정과 지식이 기반이 되어 수업 준비와 개선 노력을 통해, 학습내용 구성과 제시방법, 학습방법, 학습동기 유발 및 학습지원, 수업관리, 학생평가 및 수업평가 등의 측면에서 다양한 특성을 보이는 것으로 나타났습니다. 쉽지 않아 보이나요? 그래도 '열정과 준비'는 노력하면 가능하지 않을까 합니다.

대학의 좋은 수업은 대학생이 원하는 수업과 동일한 것은 아닙니다. 그러나 수업의 질을 측정하기에 적합한 객관적인 지표가 없기 때문에 수업에 대한 대학생들의 인식, 평가, 요구가 좋은 수업을 선정하는 중요한 지표가 되고 있습니다. 대학의 좋은 수업의 특성과 요인에 대한 연구는 교육학에서 꾸준히 이루어지고 있습니다. 최근에는 온라인 수업에서 효과적인 수업에 대한 연구를 많이 확인할 수 있습니다. 시간의 흐름에 따라 새롭게 부상하는 것들도 있으니 종종 찾아보기 바랍니다.

학생이 원하는 수업은 자칫 '학생이 선호하는 수업'으로 읽힐 수 있습니다. 사실, 학습자들은 '편한 수업'을 좋아합니다. 그리고 편한 수업은 '아무것도 안 시키는 수업'일 수도 있습니다. 교수자의 강의를 듣기만 하고, 중간고사 한 번, 기말고사 한 번 보는 수업이 가장 편한 수업일 수 있습니다. 그러나 편한 수업을 좋은 수업이라고 하지는 않습니다.

노력의 투입과 배움의 성과를 기준으로 하면, 다음의 수업 유형을 생각해 볼 수 있습니다. 노력은 교수자와 학습자에게 모두 해당될 수 있습니다.

■ 노력과 배움에 따른 대학 수업의 유형 분류 ■

1. 별로 안 시켰고/안 했고, 거의 배우지 못한 수업
2. 많이 시켰는데/했는데, 거의 배우지 못한 수업
3. 별로 안 시켰는데/안 했는데, 많이 배운 수업
4. 많이 시켰고/했고, 많이 배운 수업

| | 고 | 2 | 4 |
| --- | --- | --- | --- |
| 〈노력〉 | 저 | 1 | 3 |
| | | 저 | 고 |
| | | 〈배움〉 | |

좋은 수업의 순위를 매기면 어떻게 될까요?

적게 노력하고 많이 배우는 3 유형이 가능하다면 어쩌면 최고의 수업이 될지도 모르겠습니다. 그러나 확률이 낮지요. 도둑심보일 수도 있습니다. 1 유형도 실망스럽지만 2 유형은 되지 말아야겠습니다. 저는 4 유형이기를 바라지만, 학생들 말도 들어 봐야겠지요?

여기에서 실용적인 접근을 하자면, '부족하지도 과하지도 않은 수업', 이것도 좋은 수업입니다. 대학생들은 한 학기에 5~7개 정도의 과목을 수강하는데, 너무 많은 것을 요구하는 수업도 좋은 평가를 받기 어렵습니다. 이렇게 생각한다면, 교수자의 부담이 조금 적어졌을까요? 그리고 좋은 수업은 참여하는 사람과 맥락에 따라 다른 것이니 하나의 완벽한 정답은 없다는 점도 꼭 기억하기 바랍니다.


## 대학교육을 위한 조직과 체제


대학교육이 잘 되려면 무엇이 필요할까요?

수업을 잘하는 것이 가장 중요하나, 그것이 가능하도록 돕는 환경도 마련해 주어야 합니다. 개별 수업과 교수자에게서 조금 더 시야를 넓혀 보려고 합니다. 교육이 이루어지기 위해 필요한 여러 요인을 종합적으로 살펴보는 것은 제 전공인 교육행정학과도 관련이 있습니다.

2010년대 초반, 교육부의 **학부교육선도대학육성사업**, 일명 '잘 가르치는 대학' 사업이 있었습니다. ACE(Advance of College Education)라 했던 이 사업은 선택과 집중을 통해 잘 가르치는 대학의 선도 모델을 만들고자 했습니다. 당시 강조되었던 영역들인 교과 및 비교과 교육과정, 교양 및 전공 교육과정, 교수지원 및 학생지원 프로그램, 그리고 학생 역량 및 역량 기반 교육 도입 등은 많은 대학에 영향을 주었습니다.

고등교육을 연구하는 고려대학교 변기용 교수는 한동대학교 사례를 집중적으로 연구하였습니다.[8] 또한 여러 대학을 연구하고, 학부교육 우수대학의 특징과 성공 요인을 정리하였습니다. 구성원과 문화 측면, 학부교육 시행 및 지원체제, 정책과 환경적 요인에서 10가지 요인들입니다. 이것은 좋은 수업과 함께 대학 차원에서 해야 할 일들을 보여 주고 있습니다.

이러한 변화는 어떠한 과정을 통해 가능할까요?

변기용 교수는 학부교육 우수대학을 만들기 위한 성공 전략을 다음과 같이 제시하였습니다. 위기의식의 존재와 생산적 활용, 선순환 구조로의 전환을 위한 투자와 혁신 선도그룹 형성, 납득 가능한 발전 비전과 추진 전략, 혁신적 제도 도입과 성공 사례 초기 창출/확산, 체계적 데이터 수집과 활용, 정부 재정지

# ■ 학부교육 우수대학의 특징과 성공 요인[9] ■

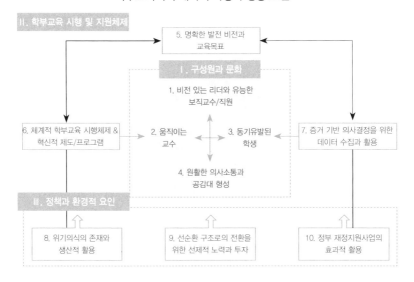

**II. 학부교육 시행 및 지원체제**

5. 명확한 발전 비전과 교육목표

**I. 구성원과 문화**

1. 비전 있는 리더와 유능한 보직교수/직원

2. 움직이는 교수 ◀▶ 3. 동기유발된 학생

4. 원활한 의사소통과 공감대 형성

6. 체계적 학부교육 시행체제 & 혁신적 제도/프로그램

7. 증거 기반 의사결정을 위한 데이터 수집과 활용

**III. 정책과 환경적 요인**

8. 위기의식의 존재와 생산적 활용

9. 선순환 구조로의 전환을 위한 선제적 노력과 투자

10. 정부 재정지원사업의 효과적 활용

# ■ 학부교육 우수대학을 만들기 위한 성공 전략[10] ■

**6. 정부 재정지원**
사업의 효과적 활용

- 개혁 추진을 위한 명분 제공
- 추가적 재정 확보/대외적 홍보 효과

**5. 체계적 데이터**
수집과 활용

- 증거에 기반한 의사결정과 교육의 질 관리
- 모니터링 및 평가와 환류

**가치관, 태도 (문화)의 변화 Sense-Making**

**1. 위기의식의 존재**와 생산적 활용

- 학령인구 감소, 재단 파산 등 통제할 수 없는 위기의 적절한 활용
- 구성원들이 뭉치는 계기

**4. 혁신적 제도**
도입과 **성공 사례**
**조기 창출/확산**

- 하위 시스템 간의 연계(Ripple Effect)
- 연계를 통한 시너지 효과 창출
- 자생적 소그룹 활동 활성화

**3. 납득 가능한**
**발전 비전과 추진 전략**
(내용보다 과정)

- 참여와 소통에 초점을 둔 중장기 발전계획 수립
- 수립된 계획에 대한 구성원들의 공감대 형성과 공유

**2. 선순환 구조로의**
**전환**을 위한 투자와
혁신 선도그룹 형성

- 선순환적 개혁 추진을 위한 선제적 재정 투자
- 뒤따라가는 것이 아니라 교육부 학부개혁 정책을 선도하는 핵심 인력 양성

원사업의 효과적 활용이 연결되며, 가치관과 태도(문화)의 변화가 대학 혁신 과정에 영향을 미치는 것으로 나타났습니다. 대학들이 살아남기 위해 고군분투하는 시대, 이러한 변화 요인을 적극 참고하고 각 대학의 상황과 여건에서 적합한 일들을 숙고하고 시도할 필요가 있습니다. 교수자가 좋은 수업을 할 수 있도록 대학은 여건을 만들어 주어야 하며, 이런 환경 속에서 좋은 수업은 더 많이 나타날 것입니다.

대학에서 교육이 중요하다는 인식이 커지면서 2000년대 초반부터 설립되기 시작한 것이 **교수학습센터**(Center for Teaching and Learning: CTL)입니다. 지금은 대부분의 대학과 전문대학에서 운영되고 있으며, 교수자를 대상으로 하는 교수지원 프로그램, 대학생을 대상으로 하는 학습지원 프로그램을 기획·운영하고 있습니다. 이를 통해 교수학습의 중요성에 대한 인식이 높아졌고, 교수자 역량 강화를 위한 다양한 프로그램이 운영되고 있습니다.

2010년대 후반부터는 교육혁신원, 대학성과관리센터 등의 명칭으로 새로운 부서가 만들어지고 운영되기 시작했습니다. 대학에서 **대학기관연구**(Institutional Research: IR)가 본격적으로 이루어지기 시작했다고 볼 수 있습니다. IR이 과거에는 소수의 핵심적인 의사결정권자에게 서비스를 제공하고 외부기관 요청에 대한 보고 기능을 수행했다면, 이제는 대학 전체를 하나의 매트릭스로 인식하고, 학생, 직원, 교원으로 의사결정권자의 개념을 확장하는 것이 요구되고 있습니다.[11] 이를 위하여 지속가능하고 안정적인 IR 조직의 구축과 계속적인 혁신이 필요합니다.

■ 대학기관연구(IR)의 기능에 따른 유형[12] ■

| 구분 | | IR 조직의 목적 및 대상 | |
|---|---|---|---|
| | | 형성적 · 내부적 발전 | 종합적 · 외부적 책무성 확보 |
| IR 조직의 역할과 문화 | 행정적 · 기관적 차원 | 정보권위자(information authority)로서의 IR: 대학기관에 대한 설명 | 대내외 선전가(spin doctor)로서의 IR: 우수 사례 제시 |
| | 학문적 · 전문적 차원 | 정책분석가(policy analyst)로서의 IR: 대학정책에 대한 분석 | 학자 및 연구자(scholar and researcher)로서의 IR: 효과성에 대한 근거 제공 |
| 기술 | | 지식관리자(knowledge manager)로서의 IR: 대학기관의 데이터 수립 및 정보 공유 | |

대학에서 어떠한 프로그램이나 교육방법, 혹은 사업을 도입할 때 이를 데이터 기반으로 설계하고, 지속적으로 그 효과성을 검증하는 체계적인 접근이 필요합니다. 지금까지 대학은 이러한 측면이 부족했던 것이 사실입니다. 또한 대학 내 데이터 공유와 부서 간 연계도 잘 된다고 보기 어렵습니다. 개별 부서에서 프로그램을 실시하고 그 결과는 있지만, 학생이 어떠한 교육적 경험을 하였는지 종합적으로 파악하기는 쉽지 않습니다. 중요

한 것은, 교수지원과 학습지원을 포함하여 교육과정과 수업의 정보와 통계가 집약되고, 이를 통해 교육과정과 수업의 혁신으로 이어져야 한다는 것입니다.

기본으로 돌아가 봅시다. 좋은 교육을 위해서는 효과적인 대학 조직과 대학 교직원의 전문성이 필요합니다. 대학 조직은 교무처, 기획처, 학생처가 가장 대표적인 부서입니다. 그런데 교육과정과 수업에 대한 전문적인 기능을 하는 곳은 어디일까요? 관여되지 않는 부서가 없겠으나, 일상적인 학사행정 수준에 그치는 경우가 많고, 대학에서 수행하는 여러 사업들을 정신없이 하다가 끝나는 경우도 많은 것 같습니다. 앞에서 설명한 CTL, 그리고 CTL 기능을 확장한 교육혁신부서의 역할을 대학본부 차원에서 중요하게 생각하고 힘을 보태 주어야 합니다. 또한 그에 걸맞는 역할을 제대로 해 주어야 합니다.

대학의 보직자와 교직원은 교육학과 교육정책, 고등교육의 동향을 전문적으로 학습해야 합니다. 대학교수로 근무한다는 것만으로 고등교육 전문가라 할 수 없지요. 대학과 교육에 대하여 계속적으로 그리고 전문적으로 학습하고, 다른 대학과 수업의 사례와 동향에 대하여 접할 필요가 있습니다. 대학에서 교육전문가를 채용하여 활용할 필요도 있습니다. 무엇보다 '교육'을 중심으로 사고하는 것이 가장 중요합니다.

대학에서 가장 중요한 것은 '**교수학습**'입니다. 이를 위해 대학 조직이 다시 정비되고, 대학의 가장 중요한 활동으로 '교육'이 가장 중심에 서서 이를 위한 대학의 학사운영과 행정이 이루어져야 합니다. 많은 대학이 이러한 체제를 구축하고 있으며, 제대로 구축하고 운영한 대학에서는 분명 의미 있는 결과가 나타날 것입니다. 이것은 살아남는 대학의 중요한 요인이 될 것입니다. 좋은 수업과 학생 성장이 가능한 환경, 반드시 필요합니다.

■ 서울대학교의 학생 핵심역량을 소개합니다. 대학에서 자체적으로 설정한 학생 역량은 수업 운영, 자가 진단, 비교과 프로그램 추천 등에 활용됩니다.

## 🔆 서울대학교 학생 핵심역량[13]

| 인재상 | 역량명 | 역량 정의 | 하위 역량 |
|---|---|---|---|
| 창조하는 인재 | 종합적 사고 역량 | 학문탐구 과정에서 당면한 문제의 핵심을 비판적으로 탐색하고, 논리적인 분석과 추론을 통해 타당한 해결책을 도출하고 평가할 수 있는 역량 | 분석적 사고 추론적 사고 평가적 사고 |
| | 창의융합 역량 | 개방적이고 열린 태도로 현상을 이해하고, 다양한 지식과 기술을 융합함으로써 창의적으로 문제를 해결할 수 있는 역량 | 개방적 사고 융합적 사고 창의적 사고 |
| 탐구하는 인재 | 지식탐구 역량 | 인간, 사회, 자연, 과학, 예술에 대한 기초 소양을 바탕으로 전문 지식과 기술을 체계적으로 탐색하고 새로운 지식과 기술을 비판적으로 수용하고 활용할 수 있는 능력 | 지식정보처리 기초학문 이해 및 탐구 전공지식 이해 및 활용 |
| | 자기관리 역량 | 학문탐구에 대한 호기심과 의지를 바탕으로 학문적 목표를 성취하기 위해 필요한 학습전략을 적절히 활용하고 학습의 전 과정을 주도적으로 이끌어 갈 수 있는 능력 | 학습전략 활용 학습동기 관리 자기조절 |
| 실천하는 인재 | 소통협력 역량 | 타인과 조화로운 관계를 형성하기 위해 공감하고 자신의 생각을 효과적으로 전달 및 공유하며, 공동의 목표 달성을 위해 적극적으로 협력할 수 있는 역량 | 의사소통 협력적 리더십 |
| | 세계시민 역량 | 문화 및 공동체의 다양성을 존중하고, 국제 및 지역 사회의 문제 해결과 발전을 위해 공헌하며, 공동체 속에서 함께 어우러져 살아가는 능력 | 공동체 의식 글로벌 역량 사회 공헌 |

제2장

# 대학 수업의 준비:
# 교수자를 위한 교육학

교육이란 무엇일까요?

수업이란 무엇일까요?

학생은 어떤 존재인가요?

대학은 어떤 곳인가요?

교수자는 어떤 역할을 해야 할까요?


각자 생각하는 교육과 수업의 정의, 학생과 대학의 정의는 동일하지 않습니다.

교수자로서 이것부터 정립해 보는 것이 중요합니다.

교육에 대한 관점을 바탕으로 교수자로서 해야 할 역할이 구체적으로 드러나고

행동으로 연결될 수 있겠지요.

그리고 교육과정과 수업, 교육평가의 기초를 제대로 아는 것은

이러한 교육철학을 구현하고 목표를 달성하게 하는 실질적인 기반이 될 것입니다.

대학 교수자에게 필요한 교육학의 기초를 살펴보고자 합니다.

## 교육철학이 중요합니다

교육의 목적과 가치, 의미는 무엇일까요? 어떠한 교수법이든 가장 근본이 되는 것은 교육에 대한 관점, 바로 '**교육철학**'입니다. 가르치는 사람이라면 누구나 교육에 대한 생각을 가지고 있습니다. 교육은 어떤 것인가, 수업은 무엇인가, 교육과 수업을 하는 교수자는 어떤 사람인가, 학생은 어떤 존재인가……. 이것이 교육관이자 교육철학이며, 이는 가르치는 경험이 쌓이면서 자연스럽게 형성되고 발전됩니다.

교육에 대하여 수많은 정의가 있는데, 교육학자 정범모가 1968년 저술한 『교육과 교육학』에서 제시한 '인간 행동의 계획적인 변화'라는 정의는 교육학계에서 대표적으로 회자되고 논쟁을 불러일으키는 화두입니다. 교육을 '사회화(socialization)'로 보는 학자들도 있습니다. 유수의 철학자와 교육학자들의 이야기도 중요하지만, 거칠고 소박해도 나의 언어로 표현하는 교육철학이야말로 실제 수업에 투영되는 것이기에 의미가 큽니다.

저의 교육관에 큰 영향을 준 인디언 속담을 소개하고 싶습니다. 박사과정 수업 중에 미국에서 연구년을 마치고 돌아온 교수님께서 소개해 주신 인디언 라코타 부족(Lakota Sioux)의 속담이 가슴에 크게 와닿았습니다. 누구나 이해하기 쉽고 간결한 말이어서 더 큰 울림이 남았던 것 같습니다.

> Tell me, I will forget.
> Show me, I may remember.
> _____, I will understand.

'내게 말하라, 나는 잊어버릴 것이다.' 왜 말하는데 잊어버릴까? '한 귀로 듣고 한 귀로 흘린다'는 말이 있습니다. 명강사라 해도 청중의 집중력은 20분을 넘기기가 어렵다고 합니다. 시계나 스마트폰을 확인하게 됩니다. 눈은 말하는 사람을 향하고 있어도 머리는 다른 곳에 가 있을 수 있습니다. 이 말은 '말이 중요하지 않다'는 뜻이 아니라 '말만으로는 부족하다'는 뜻일 것입니다.

'내게 보여 주라, 나는 기억할지 모르겠다.' 눈으로 보는 것은 집중이 되고 자극도 되어 기억에 오래 남을 수 있습니다. 그래서 수업자료로 PPT, 사진, 동영상, 영화 등을 적절히 활용하는 것이 바람직합니다. 그러나 '기억'도 좋지만 교육이라면 최소한 '이해'는 해야 하지 않을까요? 어떻게 해야 '이해'를 할 수 있을까요? 바로 이 대목을 듣는 순간 큰 깨달음이 왔습니다.

> Tell me, I will forget.
>
> Show me, I may remember.
>
> **Involve me**, I will understand.

'나를 끌어들이라. 그러면 나는 이해할 것이다.'

학습자를 끌어들이는 수업. 학습자를 참여시키면 '이해'를 가져올 수 있다는 것이지요. 수업에서 학습자를 참여시키는 것에는 여러 방법이 있을 것입니다. 교수자와 학습자의 대화에서부터 학습자와 학습자의 대화, 교수자가 제시한 주제에 대한 학습자의 참여 등 다양한 방식이 있을 수 있습니다. 다수의 학습자가 함께 교육을 받는 상황에서 이것은 몇 개의 집단, 즉 '팀'을 통한 협력학습이 가장 효과적인 방법이 될 수 있을 것입니다.

공자와 벤자민 프랭클린(Benjamin Franklin)도 이와 비슷한 말을 남겼다고 합니다. 동서고금을 막론하고 비슷한 깨달음을 갖는다고 볼 수 있겠지요. 교육을 '이해' 수준에서 만족한다는 뜻이 아닙니다. 교육학자 블룸(Bloom)은 교육목표 분류를 여섯 가지로 제시하였는데, 기억하기와 이해하기는 가장 낮은 단계에 해당합니다. 그러나 이해 자체도 매우 중요한 것이며, 상위의 목표로 나아가는 바탕이 됩니다. 2015 개정 국가교육과정에서도 '학생 참여형 수업'을 강조하였습니다. 학생이 참여하는 수업은 이해를 하는 데에, 그리고 적용과 분석 같은 상위의 목표 달성으로 가는 중요한 방법이 될 수 있습니다.

　교수자로서 나의 생각은 어떤 것인가요? 교육, 수업, 교수자, 학생에 대해 내 생각을 정리해 보면서 **교육관**을 정립하는 기회가 중요합니다. 대학 수업을 처음 시작하는 시기에 더욱 필요하고, 함께 하는 공동체 속에서도 나누며, 계속적으로 발전시켜 가는 것이 필요합니다.

■ 나의 교육관 정리와 성찰 ■

| 교육이란? | 수업이란? |
|---|---|
| 교수자란? | 학생이란? |

　저의 교육관도 소개해 볼까 합니다. 학교와 대학에서 20년이 넘는 교육경험을 통해 다음과 같은 생각을 하게 되었습니다.

- 학습자는 지식을 만들어 가는 주체이며, 교수자는 학습을 촉진하는 역할을 한다.
- 학습자는 적극적으로 수업에 참여하고 상호작용함으로써 제대로 더 많이 배울 수 있다.

　제2장 대학 수업의 준비: 교수자를 위한 교육학 기초

교과서적인 문장으로 보일지도 모르겠습니다. 그러나 이것은 지금까지의 실제 교육경험을 통해 형성된 교육관입니다. 교육학자이다 보니 교육학 이론처럼 보일지도 모르겠습니다. 표현이 전문적이든 일상적이든, 자신의 언어로 진실성을 담아 교육의 지향과 방법을 표현한 것이 바로 자신의 교육철학입니다.

이러한 관점을 교육학의 교수학습이론 연구에서 찾아보니 '**구성주의**(constructivism)'와 유사합니다. "교육은 객관적인 지식의 전달이 아니라 학습자의 지식을 생성하도록 하는 것이다. 학습자는 지식을 스스로 구성하는 존재이며, 따라서 교수자는 이를 촉진하고 지원하는 역할을 한다."와 맥을 같이합니다.

다음 문항에 얼마나 동의하십니까? 5점 척도에서 4점(그렇다) 혹은 5점(매우 그렇다)으로 동의한다면 '구성주의 교수신념'을 가진 것으로 볼 수 있습니다.[1]

- 교사의 역할은 학생들이 스스로 공부할 수 있도록 돕는 것이다.
- 학생들 스스로 문제의 답을 찾아가는 것이 최고의 학습이다.
- 실질적인 문제에 대한 해답을 교사가 제시해 주기 전에 학생들 스스로 해답을 생각해 볼 수 있도록 해야 한다.
- 특정 교과 내용을 배우는 것보다는 생각하고 결론을 내는 과정이 더 중요하다.

이것은 학문 분야에 따라 다를까요? 지식과 이론체계가 명확하고 위계적인 구조를 가진 학문과 교과도 있습니다. 그러나 '학문을 하는 것'과 '학문을 교육하는 것'은 구분할 필요가 있습니다. 의사와 간호사에게는 엄청난 전문 지식이 필요하고, 그것을 임상에서 활용하는 능력이 대단히 중요합니다. 문제기반학습(problem-based learning)이 매우 활발하게 이루어지고 강조되는 분야가 의료·보건 분야입니다. 세계적인 수학자 허준이 교수의 반가운 수상 소식이 들려 왔습니다. 수학이야말로 구성주의적 접근이 필요한 교과로 주목받고 있습니다.

이것은 '**학습자 중심 교육**(learner-centered education)'과도 맥을 같이하며, 방법 측면에서는 학생 참여 학습, 팀 학습 또는 협동 학습과 연결됩니다. 학습자 중심 교육은 무엇일까요? 학습자의 학습을 교육의 중심에 두고 수업의 방향과 운영 방식을 설계하고 최고의 학습효과를 거두려는 것입니다. 이를 위해서는 전문적인 지원이 필요합니다. 학습자 중심 교육은 학습자에게 끌려가거나 영합하는 교육, 학습자의 활동만 있는 교육이 아닙니다. 교수자의 역할과 전문성이 더욱 크게 요구됩니다.

최근 **학생 주도성**(student agency)과 **교사 주도성**(teacher agency)이 함께 발현되는 '공동 주도성(co-agency)'이 중시되고 있습니다.[2] 어느 일방의 주도권이 아니라 학생의 학습을 위한 학습자의 주체성과 교수자의 지원 그리고 양자의 협력이 중

제2장 대학 수업의 준비: 교수자를 위한 교육학 기초

요합니다. 학습자 중심 교육을 넘어 '학습자 주도 교육(learner-driven education)'이 제기되는 상황에서, 중심을 더욱 정확히 잡아야 할 필요가 있습니다.

대학 교수자 대상의 교수법 특강을 할 때, 서두에 드리는 말씀은 늘 같습니다. "중요한 것은 기술이 아니라 철학입니다." 철학에 따라 기술은 달라지며, 기술의 채택 여부는 철학에 달려 있습니다. 따라서 철학의 정립이 우선입니다. 그리고 '화려한 교수법'이나 '꽉 찬 활동'이 아니라, 학생과 교육을 바라보는 올바른 '관점' 그리고 학생들에게 전달되는 교수자의 '진정성과 열정'에 교육의 성패가 좌우될 수 있습니다.

구성주의와 학습자 중심 교육을 주로 소개했지만, 그것만이 정답은 아닙니다. 제가 강조하는 팀 학습의 바탕이 되는 이론으로 사회적 인지주의도 있고, 학습자 중심 교육의 철학적 기반과 스펙트럼은 대단히 넓고 쟁점도 많이 있습니다. 중요한 것은 자신의 교육관을 확인하여 스스로 정립하는 것이며, 그 바탕 위에서 구체적인 교수법과 기술은 비로소 의미가 있다는 것입니다.


## 교육과정과 교육과정 개발

교육과정은 대학에서 매우 많이 사용되고 들려오는 용어입니다. 교육과정이 무엇인가요? 매우 자주 그리고 당연하게 사용되는 단어라서 정의를 선뜻 말하기가 쉽지 않습니다. 교육과정과 교육과정 개발에 대해 살펴보도록 합니다.

**교육과정**은 'curriculum'을 번역한 것으로, 가장 단순하게 정의하면 '교육의 내용'입니다. 이것은 또한 학생의 관점에서는 '학습경험'을 의미합니다. 커리큘럼(curriculum)은 라틴어로 '달린다'는 뜻의 쿠로(curro) 또는 쿠레레(currere)라는 단어에서 유래하였습니다. 말이 달리는 경주로라고 생각하면 학생이 입학하여 졸업할 때까지 달려가는 정해진 코스에 말이 달리는 경주 행위라고 생각하면 학생들이 내용을 경험하는 것에 초점이 모아집니다. 전자는 교육의 내용에, 후자는 학습 경험이나 과정에 좀 더 관련이 있습니다. 또한 교육과정을 의도된 학습성과 또는 학습계획으로 보기도 합니다.

대학의 교육과정을 살펴볼까요? 대학의 교육과정은 대학과 학과 차원에서 편성되고 운영되며, 개설된 과목의 수업과 다양한 프로그램 등을 통해 실현됩니다.

**대학 교육과정**의 대표적인 분류는 교과 교육과정과 비교과 교육과정입니다. 정규 수업으로 학점이 부여된 것을 전자, 정규 수업이 아닌 각종 프로그램 형태의 교육과정을 후자로 봅니다. 교육과정을 교과과정이라고 하기도 하는데, 교과과정은 교과 교육과정만을 의미하는 것으로 볼 수 있어 교육과정이라고 쓰는 것이 맞습니다.

**교과 교육과정**은 크게 전공 교육과정과 교양 교육과정으로 구성됩니다. 과목과 학점 운영 등을 전공 교육과정은 각 학과에서, 교양 교육과정은 대학 차원에서 설계하고 운영합니다. 역량 기반 교육과정이 강조되면서, 대학 차원에서 학생 역량을 설정하고, 이에 부합하는 교육과정을 설계하도록 하고 있습니다. 또한 교양교육의 역할과 교육과정 개선에 대한 관심도 높아지고 있습니다.

**비교과 교육과정**은 각종 특강, 행사, 대회, 학생 상담 등이 포함되며, 학생들의 역량을 키우기 위한 다양한 프로그램을 가리킵니다. 학점의 부담 없이 비교적 짧은 시간에 참여하고 선택적으로 참여할 수 있으나, 일회성으로 이루어지고 중복과 배제의 문제도 있을 수 있습니다. 최근에는 학생의 역량을 진단하고, 필요한 역량을 강화하기 위해 적합한 비교과 프로그램을 추천하는 대학도 있습니다.

가장 기본은 교과 교육과정이며, 비교과 교육과정과 함께 교육성과를 가져올 수 있도록 세심한 주의가 필요합니다. 교과와 비교과 교육과정은 관리 주체가 다르고 개별적으로 진행되고 있는 경우가 많아, 이를 상호 연계할 필요가 있습니다. 학생 중심의 학습경험을 총체적으로 들여다보고 통합적으로 관리할 것이 강조되고 있습니다.

대학 교육과정에서 중요한 개념과 조직 원리 등은 일반적인 교육과정에 대한 설명을 참고할 수 있습니다. 교육과정에서 중요한 몇 가지 개념을 살펴보도록 합니다.

**공식적 교육과정**(official curriculum)은 공적 문서 속에 기술되어 있는 의도되고 계획된 교육과정을 의미합니다. 초중등학교의 경우 교육부 고시 형태로 발표되는 국가교육과정이 대표적입니다. 시도교육청의 교육과정 지침, 학교의 교육과정 운영 계획서, 수업용 교재, 교사의 수업계획, 실행된 수업과 결과도 여기에 포함됩니다. 대학은 국가적인 수준의 교육과정이 존재하지 않습니다. 단, 국가 자격과 관련된 과목들에 대한 지침(예: 교사 자격)이 교육과정으로 작용합니다. 대학과 학과 수준에서 편성한 교육과정과 교수요목, 교재, 강의계획, 수업 실행이 공식적 교육과정에 해당됩니다.

**잠재적 교육과정**(latent, hidden, implicit curriculum)은 공식적으로 의도하지 않은 교육과정으로 표면적이지 않고, 숨겨져서, 잠재되어 있는 교육과정입니다. 교육과정이 작동되거나 운영되면서 학생들이 은연중에 배우게 되는 가치, 태도, 행동양식과 같은 경험된 교육과정입니다. 성 역할, 인종, 계층, 권력에 대한 태도 등이 무의도적으로 전달되는 것이지요. 대학에서는 어떤 것들이 의도하지 않았지만 가르쳐지게 될까요?

'가르치지 않은 교육과정'을 의미하는 **영 교육과정**(null

curriculum)의 개념도 있습니다. 가르칠 만한 내용이지만 의도적으로 배제하는 것인데, 어떤 것이 있을까요? 독재체제나 국교가 있는 국가에서 흔히 발견되고, 일본이 한국 역사를 왜곡한 사실을 교과서에서 배제하는 것도 그 예입니다. 교수자의 정치적·종교적 신념에 따라 취사선택되는 내용도 있을 수 있습니다. 대학에서는 교수자가 교육내용을 선정하는 자율성이 높은데, 가르칠 만한 가치가 있지만 가르치지 않은 것이 무엇인지 생각해 볼 필요가 있습니다.

무엇을 가르칠 것인가를 결정하는 것을 '**교육과정 개발**'이라고 합니다. 매우 중요하면서도 복잡한 과정입니다. 가장 대표적인 모형은 타일러(Tyler)의 목표모형입니다. 타일러는 1949년에 교육과정과 수업을 계획할 때 고려할 질문으로 다음의 네 가지를 제시하였고 오랫동안 주목되어 왔습니다.

- 학교에서 달성하고자 하는 교육목표는 무엇인가?
- 교육목표를 달성하는 데 유용한 학습경험은 어떻게 선정하는가?
- 선정된 학습경험은 어떻게 효과적으로 조직할 수 있는가?
- 교육목표의 달성 여부는 어떻게 결정할 수 있는가?

교육목표의 설정, 학습경험의 선정, 학습경험의 조직, 학습성과의 평가로 요약됩니다. 이 과정은 다시 교육목표 설정에 피드백이 되어 교육과정을 수정, 보완하는 과정으로 진행되어야 한다는 것입니다. 최근에는 백워드 교육과정 설계(backward design)라 하여, 바라는 결과의 설정(목표), 수용 가능한 증거 설정(평가), 학습경험 및 수업계획의 단계로 교육과정이 설계되는 방식이 강조되고 있습니다.

이 밖에도 워커(Walker)의 숙의(deliberation), 브루너(Bruner)의 지식의 구조에 의거한 개발, 파이너(Pinar)의 자서전적 방법(쿠레레) 등이 있는데, 이는 교육학 심화과정으로 넘깁니다.

교육과정에서 **교육목표**는 대단히 중요합니다. 상위의 개념인 목적에서 출발하며, 목표는 다시 단원목표, 수업목표 등 구체적인 명세목표로 구성됩니다. 목표는 이후의 과정에서 방향과 기준으로 작용합니다. 목표에 대한 소개는 3장에서 별도로 설명하겠습니다.

교육과정 개발에서 큰 관심을 갖는 것은 **교육내용**입니다. 교육내용의 '선정'에는 몇 가지 준거들이 있는데, 중요성, 타당성, 유용성, 사회적 적절성, 학습가능성, 흥미 등입니다. 그 비중은 학문 분야와 상황에 따라 달라집니다.

교육내용을 선정한 후에는 교육내용 구성요소들을 효과적으로 배치하는 '조직'이 필요합니다. 단순한 것에서 복잡한 것으로, 구체적인 것에서 추상적인 것으로, 전체에서 부분으로, 법칙과 원리는 위계적으로, 주제별로 묶어서, 연대기적으로, 발달 단계에 맞추어 등이 내용조직의 원리들입니다.

**학습경험**의 선정과 조직은 그다음의 과정입니다. 학습경험의 선정에는 기회, 만족, 가능성, 다경험, 다성과 등의 원리가 작용되며, 학습경험의 조직은 계속성(continuity), 계열성(sequence), 통합성(intergration)의 준거를 가집니다. 중요한 요소를 수직적으로 반복 강조하는 것이 계속성, 단계적으로 깊어지고 넓어져서 경험이 계속적으로 축적되는 것이 계열성, 교육과정이 내용이나 학습경험을 수평적으로 연관시키는 것이 통합성입니다.

이 정도면 교육과정에 대해 교육학에서 학습하는 가장 기본적인 내용은 말씀드린 것 같네요. 대학에서 일상적으로 사용하는 교육과정의 개념에 대해 어느 정도는 가까워졌을 것이라고 생각합니다.


## 수업과 수업 설계

교육과정이 실제로 구현되는 단위가 **수업**(instruction)입니다. 수업은 교육목표와 교육과정을 바탕으로 교수학습이 이루어지는 개별 단위입니다. 즉, 수업은 '일정 시간과 장소에서 학습목표를 달성하려는 의도로 계획된 활동의 수행'[3]을 의미합니다. 교수자는 이러한 수업을 설계하고 운영하고 평가하는 일을 하게 됩니다.

수업시간은 학교급마다 다릅니다. 초등학교는 40분, 중학교는 45분, 고등학교는 50분이 한 차시 수업시간입니다. 그만큼 견딜 수 있다고 보는 것이 맞을 것 같네요. 대학은 몇 분인가요? 교수님 마음이 아닐까요? 농담입니다. 50분입니다. 반드시 시작과 종료 시각, 그리고 쉬는 시간을 지켜 주어야 한다는 점도 강조합니다.

대학 수업은 '각본 있는 드라마'입니다. 한 학기 동안 이루어지는 강의계획을 세우고, 50분 수업의 계획을 구상하며, 교수자와 학생들이 함께 만드는 작품이 바로 수업입니다.

수업을 바라보는 관점을 대별하면 '**과학**(science)'으로 보는 관점과 '**예술**(art)'로 보는 관점이 있습니다. 수업에서 달성할 목표를 세우고 그에 맞는 행동과 활동을 체계적으로 배치하는 것을 전자, 사람이 만들어 가는 창의적이고 역동적인 수업의 특성에 초점을 두면 후자로 볼 수 있습니다. 타일러의 교육과정 개발, 아이즈너(Eisner)의 교육적 감식안(educational connoisseurship)과 비평(criticism)은 각각 어떤 관점일지 짐작할 수 있겠지요? '각본 있는 드라마'에서 '계획'을 강조하면 전자, '작품'을 강조하면 후자에 가까울 수 있겠네요.

과학과 예술 중 어떤 관점이 가깝게 다가오나요? 과학은 체계적인 수업 운영을 통해 효과를 제고하려는 노력이고, 예술은 기술적 차원으로 설명할 수 없는 부분에 주목한 것으로 봅니다. 획일적인 모델도, 임시방편 모델도 아니지요. 그리고 어떠한 관점이든 수업의 설계, 수업의 디자인은 필요합니다.

수업을 설계하는 모형을 소개합니다. 수업 설계 모형으로 대표적인 **'ADDIE 모형'**을 들어 보셨는지요? ADDIE는 분석(Analysis), 설계(Design), 개발(Development), 실행(Implementation), 평가(Evaluation)의 과정에서 각각 첫 글자를 딴 것입니다.

**분석** 단계에서는 수업 설계의 초기에 설계를 위한 조직적인 계획을 결정하는 활동을 수행합니다. **설계** 단계에서는 분석 과정에서 나온 산출물을 토대로 효과적이고 효율적인 수업 프로그램의 세부 요소들을 기획하는 활동을 수행합니다. **개발** 단계는 분석 및 설계 과정에서 만들어진 수업의 청사진에 따라 수업에서 사용할 다양한 자료를 실제로 개발하고 제작하는 활동을 수행합니다. 이 과정에서 이전 설계 단계의 결과물, 즉 수업 설계안이 수정·보완되기도 합니다. **실행** 단계에서는 개발된 수업 프로그램을 실제 수업 현장에 사용하거나 교육과정에 반영하면서 계속 유지하거나 필요한 경우 수정·보완하는 활동을 수행합니다. **평가** 단계에서는 수업 개발의 전반적인 과정 및 결과물의 효과성과 효율성, 가치 등을 평가하는 활동을 수행합니다.

각 단계의 역할과 세부 활동, 산출 결과는 다음의 내용을 참고하기 바랍니다.

■ ADDIE 모형의 단계별 특징[4] ■

| 수업 설계의 과정 | 역할(기능) | 세부 단계(활동) | 산출 결과 |
|---|---|---|---|
| 분석 | 학습내용(what)을 정의하는 과정 | 요구, 학습자, 환경, 과제 분석 | 요구, 교육목적, 제한점, 학습과제 |
| 설계 | 수업방법(how)을 구체화하는 과정 | 성취행동목표 진술, 평가도구 개발, 수업전략 및 매체 선정 | 성취행동목표, 수업전략 등을 포함한 설계명세서 |
| 개발 | 수업자료를 제작하는 과정 | 수업자료의 제작, 형성평가의 실시 및 수업자료의 수정 | 완성된 수업자료 |
| 실행 | 수업자료를 실제 상황에 적용하는 과정 | 수업자료의 사용 및 관리 | 실행된 수업자료 |
| 평가 | 수업자료의 효과성, 효율성을 결정하는 과정 | 총괄평가 | 프로그램의 가치와 평가보고서 |

딕(Dick)과 캐리(Carey)의 수업 설계 모형도 대표적입니다. 체계적 접근에 입각하여 수업 설계, 수업 개발, 수업 실행, 수업 평가의 일련의 과정을 제시하는 모형입니다. 1978년 최초 모형 개발 이후 2016년에 제시된 모형은 다음과 같습니다. 교수목표보다는 학습목표가 더 적합한 용어이며, 이 목표 달성에 초점을 맞추어 세부 단계들이 진행되고 실증적 자료들을 기반으로 수

정이 이루어진다는 특징이 있습니다. 앞의 모형과 비슷하나, 개
발에 주목하여 실행은 빠져 있습니다.

■ 딕과 캐리의 수업 설계 모형[5] ■

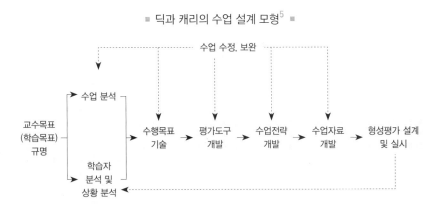

이러한 어마어마한 과정들을 거쳐서 수업이 설계되어야 한다
니, 놀라운가요? 수업 준비를 위해 지금 하고 있는 일들이 바로
이러한 수업 설계의 과정이랍니다!

수업은 교수자와 학습자가 직접 만나 이루어지는 50분의 시
공간적 경험 그 이상입니다. 수업을 위해 사전에 계획하고, 직접
운영하고, 수업 후 평가하고 환류하는 것을 모두 포함하기 때문
입니다. 대학교육의 살아 움직이는 현장, 수업이 중요합니다.

## 교육평가와 피드백

다 아는 것 같지만 사실 잘 모르는 것이 교육평가입니다. 학생으로서 학교에서 수많은 평가를 받아 왔지만 평가를 제대로 배운 적은 없습니다. 그런데 수업을 맡으면 당연히 평가를 하게 됩니다. 교육평가의 기초를 살펴볼 필요가 있습니다.

**교육평가**는 평가 대상의 가치를 판단하는 활동입니다. 넓은 의미에서 교육평가는 평가 대상의 가치, 질, 효과, 유용성 등을 판단하는 것으로, 특정한 프로그램, 교육과정, 교육조직, 교육정책 등 그 대상이 넓습니다. 좁은 의미에서는 학생들의 학업성취 혹은 상태에 관해 질적인 판단을 내리는 과정을 의미하며, 교육 현장에서는 주로 학업성취도를 질적으로 판단하여 성적을 평가하는 행위를 뜻합니다.

수업에서 평가는 후자를 의미하며 매우 중요합니다. 평가는 학습의 과정과 결과를 기준에 따라 판정하는 것으로, 학습목표와 성취 기준에 따라 평가의 방법과 내용을 결정하는 것이지만, 평가가 학습에 영향을 미치기도 합니다. 교육의 목표 · 내용 · 방법 · 평가의 정합성이 매우 중요하며 평가를 잘 활용하면 학습의 성과를 극대화하는 데 도움이 될 수 있습니다.

평가의 방법으로는 무엇이 떠오르나요? 평가라고 하면 '시험'

이 가장 먼저 떠오를 것 같습니다. 전통적인 평가, 즉 테스트에 의한 지필평가가 대표적이지만 다양한 산출물이나 행동에 대한 수행평가(performance assessment)가 있습니다. 절대평가와 상대평가와 같은 큰 평가체제도 떠오를 것 같네요. 결과중심평가에 대비하여 과정중심평가라는 용어도 사용되고 있습니다.

'학습 결과에 대한 평가(assessment of learning)'의 역할에서 '학습을 위한 평가(assessment for learning)' '학습 과정으로서의 평가(assessment as learning)'로 확장되고 있습니다.[6] 전인적(holistic) 평가로 제안되었던 **총평**(assessment)의 관점이 부상하고 있습니다. 평가가 학습을 위해 이루어지고, 평가 자체가 학습이 되는 것이 요구되고 있습니다. 이러한 맥락에서 수행평가와 과정중심평가가 중시되는 추세입니다.

교육평가의 방법과 유형을 살펴보겠습니다.

평가의 목적과 시기에 따라 진단평가(diagnostic evaluation), 형성평가(formative evaluation), 총괄평가(summative evaluation)가 있습니다.

**진단평가**는 교수활동이 시작되는 초기 단계에서 수업전략을 위한 기초자료를 얻고 교수학습이 적절한지 결정하기 위해 학습자의 기초능력을 진단하는 평가입니다. 준비도 검사, 적성검사, 자기보고서, 관찰법 등이 활용됩니다.

**형성평가**는 수업이 진행되고 있는 상태에서 교수활동이 계획한 대로 진행되고 있는지 확인하는 평가입니다. 수시로 실시할 수 있고, 교수자가 직접 제작한 검사를 사용하거나 교육전문기관에서 제작한 검사를 이용할 수 있습니다.

**총괄평가**는 교수학습이 끝난 후 교육목표의 달성 및 성취 여부를 종합적으로 판정하는 평가 형태로 총합평가라고도 합니다. 과목, 학기, 프로그램이 끝나는 시점에서 실시하며, 교수자 제작검사, 표준화 검사, 결과물 평가 등이 사용됩니다.

교수자의 관점에서 학생평가에 활용한다면, 수업 초기에 학생들의 수준을 파악하고자 한다면 진단평가, 수업 도중에 이해도를 확인하고자 한다면 형성평가, 수업 종료 시점에 종합적으로 분석하고자 한다면 총괄평가를 활용한다고 볼 수 있겠습니다.

교육평가의 유형은 크게 '절대평가'와 '상대평가'로 구분할 수 있습니다. 학술적으로는 '준거참조평가(criterion-referenced evaluation)'와 '규준참조평가(norm-referenced evaluation)'라고 하는데, 두 가지 평가방법 모두 목적과 용도 그리고 장단점이 있습니다.

**준거참조평가**는 절대평가로 불리며, 학습자의 현재 성취 수준이나 행동목표의 도달 정도를 알아보기 위한 평가방법입니다. 즉, 다른 학습자와의 상대적 비교가 아니라 교육목표에 비추어 평가하는 것으로, 목표지향평가라고도 합니다. 따라서 도

달해야 하는 기준, 즉 준거(criteria)의 설정과 타당도가 중요하고, 학습자 개개인에 적합한 교수학습 기회를 제공하여야 한다는 발달적 학습관에 바탕을 두고 있습니다. 의사, 간호사 등 자격시험에 많이 활용됩니다.

**규준참조평가**는 상대평가로 불리며, 학습자의 평가 결과를 그가 속해 있는 집단의 규준에 비추어 상대적인 위치를 밝히는 평가방법입니다. 선발적 교육관에 바탕을 둔 것으로, 개인의 성취 수준을 비교 집단의 규준(norm)에 비추어 평가하며 신뢰도가 중요합니다. 수상자를 가리는 경시대회, 대학수학능력시험이 그 예입니다. 수능에서 백분위, T점수, 9등급 점수 등은 모두 상대적인 서열에 따른 평가에 해당됩니다.

이 밖에도 **능력참조평가**(ability-referenced evaluation), **성장참조평가**(growth-referenced evaluation)도 있습니다. 각각 학생이 지니고 있는 능력을 기준으로 얼마나 최선을 다하였는지에 초점을 두는 평가(개인의 능력 정도와 수행결과의 비교), 교육과정을 통해 얼마나 성장하였는지에 관심을 두는 평가(사전 능력 수준과 측정된 능력 수준의 차이)입니다. 평가의 세계는 참으로 다양하지요?

대학에서의 평가는 어떤 평가여야 할까요?

기본적으로 '교수자가 정한 기준에 의한 평가'가 되어야 합니다. 그것이 절대평가든 상대평가든 상관은 없으나 문제는 대부분의 대학에서 학교 차원으로 상대평가를 실시하도록 하는 큰 틀을 만들고 있다는 점입니다. 예를 들면, A학점 30%, B학점 50%, C학점 이하 20% 정도로 그 비율을 정하고 교수자로 하여금 그 범위에서 학점을 부여하도록 합니다. 수강생 수가 적은 경우와 일부 교직과목 수업 정도가 제외됩니다. 외국에서도 그럴까요? 유독 우리 대학에서 상대평가제도가 강조된 이유는 무엇일까요? 1980년대 초 정원보다 많이 입학시키고 정원만큼 졸업시키겠다는 대학졸업정원제를 실시하면서 '변별'에 초점을 둔 상대평가가 도입되었고, 그 후에는 '학점 인플레' 현상에 대한 우려로 인해 대학평가에서 A학점이 과다한지 확인하였던 것에서 강화되었던 것으로 보입니다.

**절대평가**라고 해서 무조건 좋은 성적을 보장하는 것은 아닙니다. 기준에 의거하여 평가하는 것이므로 A학점이 전혀 없을 수도 있습니다. 그러나 온정주의 때문에 '절대평가는 점수를 후하게 준다'는 오해를 여전히 받기도 합니다.

**상대평가**로 학생을 평가해야 하는 경우, 기준에 도달했는데도 학점 부여 비율에 따라 등급을 갈라야 하는 일이 생깁니다. 그리고 팀 학습을 활발히 실시하는 수업에서는 적합하지 않은 측면이 있습니다. 팀 학습은 학생들의 참여가 매우 중요하며 다른 수업에 비하여 상대적으로 학생들의 많은 노력과 시간 투입을 요하는 편이지요. 이것은 현실적으로 학생들이 팀 학습을 기피하는 요인이기도 합니다. 상대평가로 변별력 측면에서 접근하게 될 경우, 학생의 참여도나 우수한 성과에 맞는 평가를 하지 못할 가능성이 발생하기도 합니다. 학생들을 적극적으로 참여하도록 하는 수업 문화 조성 차원에서도 '노력한 만큼 학점을 받을 수 있다'는 인식도 중요합니다.

초중등학교에서도 절대평가 방식을 수용하여 **'성취평가제'**가 사용되고 있습니다. 성취평가제는 개별 학생의 능력에 대한 정확한 진단과 향상을 목표로, 교과목별 성취 기준을 준거로 5수준(A~E) 혹은 3수준(A~C)으로 평가하는 제도입니다. 학교는 교과별협의회를 통해 국가교육과정에서 제시하고 있는 교과목별 성취 기준과 성취 수준을 검토하고, 이를 그대로 사용하거나 재구성하여 사용할 수 있습니다. 대학에서도 학생 비율이 아닌 성취도를 기준으로 학점을 부여할 수 있도록 평가방식을 고려할 필요가 있습니다.

이러한 문제의식으로 문제기반학습과 같은 교수법을 실시하는 수업, 학습자 중심의 창의적 교수법으로 진행하는 수업 등에서 이러한 상대평가 방식의 제한을 완전히 없애거나 그 비율을 완화하는(예컨대, A학점 50% 이내, B학점 이하 50% 이상) 경우가 나타나고 있습니다. 이것이 학점 퍼 주기가 아니라 팀 학습을 선택하고 참여한 학생들에 대한 객관적인 평가가 되어야 함은 물론입니다. 대학에서도 평가에 대한 전향적인 생각을 가지고 교육적으로 바람직한 방향으로 나아갈 수 있도록 유도할 필요가 있습니다.

이제 구체적인 평가방법을 살펴볼까요?

**지필평가**의 경우, 가장 많이 떠올리는 것은 객관식, 주관식 문항일 것입니다. 정확히 표현하면 선택형(selection type), 서답형(supply type) 문항입니다. **선택형 문항**은 OX로 응답하는 진위형, 다수의 답지 중에서 고르는 선다형, 문제와 답지를 잇는 연결형 등이 있습니다. **서답형 문항**은 직접 기입하는 방식으로 단답형, 괄호형/완성형, 논술형/서술형 등이 있습니다. 답지가 있는 선다형 문항의 경우 답지를 잘 만드는 것이 중요한데, 배타적인 내용, 매력적인 오답이 필요합니다. 서답형은 하나의 정답 외에도 개방적인 응답이 가능하고 심층적인 평가에 적합합니다. 고차원의 능력을 측정하기 위해 논술형, 서술형 평가도 권장되고 있으며 다양하게 시도되고 있습니다. 평가 문항의 제작과 활용도 중요합니다.

지필평가는 주로 중간고사, 기말고사라는 전통적인 시험에서 사용됩니다. 요즘 중고등학교에서는 1회고사, 2회고사라는 표현을 쓰고 있는데 들어 보셨나요? 대학에 따라 시험기간을 별도로 지정하기도 하지만, 교수자가 판단할 수 있습니다. 한 학기 15주 중에서 반드시 지필평가의 형태로 중간고사, 기말고사를 봐야 할까요? 중간고사 한 번 보고 후반부는 프로젝트 결과물 평가를 할 수도 있고, 평소 학습 준비도 평가(예습퀴즈)로 지필평가를 대체할 수도 있습니다. 총괄평가를 반영하여 학기 마무리로 기말고사를 실시할 수 있는데, 이것도 반드시 지필평가 방식만 가능한 것은 아닙니다. 학생 개인별로 혹은 조를 짜서 구술시험을 볼 수도 있습니다!

**수행평가**는 학생 스스로 지식이나 기능을 나타낼 수 있도록 산출물을 만들거나 행동으로 나타내거나 답을 구성하도록 하는 평가방식입니다. 학생의 성장과정에 대한 지속적인 평가로, 과정과 결과를 함께 평가하며, 실제 상황과 유사한 맥락에서의 평가이고, 능동적 학습활동을 유도합니다. 또한 팀 활동을 통해 의사소통과 협업 등의 능력을 강화시킬 수 있으며, 정의적 영역에 대한 평가도 포함하여 종합적·전인적 평가를 중시합니다. 학습자가 수행한 모든 자료를 평가자료로 활용할 수 있기 때문에, 논술형 검사, 구술시험, 면접, 관찰, 토론, 실기시험, 보고서, 포트폴리오 등이 있습니다.

평가는 교수자만 하는 것이 아닙니다. 평가의 주체로 평가방법을 구분하면 교수자 평가, 학생 상호 평가, 외부 평가, 자기평가 등이 있습니다. 수업 중 여러 활동과 과제에 대한 평가는 학생 상호 평가를 실시하여 이를 반영하는 것도 좋습니다. 수업에 대한 몰입이 높아지고 평가가 곧 학습이 됩니다. 때로는 전문가나 수요자 등 외부 평가도 필요한 경우가 있고, 스스로를 평가하는 것도 학습에 도움이 됩니다.

평가와 반드시 함께 동반되어야 하는 것은 무엇일까요? 바로 **피드백**입니다. 주로 형성평가에서 피드백이 많이 강조되고 있습니다. 과제나 시험에 대하여 교수자의 전문적인 평가와 설명이 학생에게 제공되어야 합니다.

형성평가에서 효과적인 피드백 방법에 대한 설명을 참고하기 바랍니다.[7]

- 피드백은 학생이 알 수 있는 분명하고 긍정적인 메시지로 줄 때 효과가 있다. 즉, 피드백은 구체적이고 긍정적이어야 한다.
- 과제에 대한 피드백을 줄 때 과제 결과뿐만 아니라 과제 수행 과정에 초점을 맞추어 구체적으로 피드백을 준다.
- 피드백 방법은 서면/구술 또는 개인/집단으로 다양하다. 가장 좋은 피드백은 개별 학생과 학습 관련 대화 중 나올 수 있다.
- 피드백을 받는 학생의 특징을 잘 알아야 한다. 학생의 발달 수준을 고려하여 언제, 어느 정도로 피드백을 줄 것인지 결정한다.
- 판단하기보다 기술하는 피드백을 제공한다. 개선점에 주목하여 피드백을 주고, 그다음 단계에서 할 수 있는 과제를 제안한다.

최근 과정 중심 평가가 중시됨에 따라, 피드백의 중요성은 더욱 커지고 있습니다. '유동적 단계에서' '구체적이고 명료하게' '즉각적이고 지속적으로' '수업계획에 포함하여' '형성적 피드백과 총괄적 피드백 모두' '상황에 맞추어' 등이 성공적인 피드백의 원리로 제시되고 있습니다.[8] 대학에서도 이러한 피드백이 필요하고 가능할까요?

최근에는 시험성적이나 과제 채점에 대한 점수와 근거를 공개하도록 하는 대학이 많아지고 있습니다. 수업 중 모든 활동과 과제에 대해서는 어려워도 중요한 활동과 과제에 대해서는 개별 혹은 팀 피드백이 주어져야 합니다. 충실한 피드백을 하려면 시간이 많이 들고 까다로운 것이 사실입니다. 수강생 수 적정화, 적정 수업 시수와 같은 환경 조성도 필요합니다.

코로나19로 대학이 문을 오랫동안 닫기도 하였고, 대학의 대체재가 다양하고 강력하게 부상하고 있습니다. 교육기관으로서 대학이 존재하는 이유(raison d'être)는 무엇일까요? 학생과의 **상호작용**과 **피드백**은 그 이유가 될 수 있습니다.

■ 학습자 중심 교육의 주요 특성을 소개합니다. 학습자에 대한 관점을 기반으로
  수업목표, 교수전략, 평가, 환경 및 분위기에서 그 중심은 '학생의 학습'입니다.

## 학습자 중심 교육의 특성[9]

| 영역 | 특성 |
| --- | --- |
| 학습관 | • 학습자는 다양하고 통합적인 경험을 바탕으로 능동적·주도적 학습과정 속에서 스스로 지식을 구성한다. |
| 수업목표 | • 수업의 최종 목표는 학습내용을 심층적으로 이해하고, 고등사고능력과 자기주도적 학습 능력을 육성하며, 배운 내용을 실제에 적용하여 문제를 해결할 수 있는 능력을 기르는 것이다. |
| 교수전략 | • 학습자의 선수 지식, 관심 등 개별성을 존중하고 수업에 반영한다.<br>• 실제적이고 도전적인 과제를 제시한다.<br>• 학습자로 하여금 학습내용과 과정을 성찰할 수 있는 기회를 제공한다.<br>• 학습자는 동료 학습자들과의 상호작용을 통하여 다양한 견해를 공유하고 자신의 관점을 수정·보완한다.<br>• 수업에서 다양한 교수 자원을 활용한다. |
| 평가 | • 평가는 학습과정에서 이루어지며, 학습자의 능력 향상 정도와 전이 능력을 평가한다.<br>• 평가는 다양한 주체에 의해 여러 가지 방법을 활용하여 수행된다. |
| 환경 및 분위기 | • 학습자는 학습에 대한 주인의식을 가지고 학습을 주도하며, 교수자는 학습의 촉진자로서 학습과정을 지원한다.<br>• 학습자는 교수자와 서로 존중하고 도움을 주고받는 수평적인 관계와 자유로운 분위기 속에서 발언하고 자신의 관점을 갖는다. |

# 대학 수업의 계획:
## 강의계획서 작성

설계도가 없는 건물을 상상할 수 있을까요?

수업도 마찬가지입니다.

수업은 교수자가 구상한 각본 속에서, 학생들과 함께 만들어 가는 드라마입니다.

개별 수업을 총괄하는 전체 계획도 당연히 필요하겠지요?

그것을 담은 것이 바로 강의계획서입니다.

대학에서 개설되는 모든 과목에 요구되는 강의계획서, 어떤 것이고 어떻게 작성해야 할까요? 수업에 대한 전체적인 구상과 계획을 체계적이고 구체적으로 담는 강의계획서를 제대로 작성하는 방법은 무엇일까요?

수업계획은 수업의 목표와 내용, 방법, 평가에 이르는 모든 과정을 포함합니다.

여기에서는 강의계획서를 중심으로 전체적인 수업의 설계와 그 결과물에서 고려할 것들을 살펴보고자 합니다.

## 강의계획서를 작성하기 전에

대학과 대학원 수업에서 강의계획서가 없는 경우가 있었을까요? 자주 보았기 때문에 익숙하게 느껴지지만, 정작 강의계획서를 어떻게 작성하는 것인지 제대로 된 교육과 학습의 기회는 별로 없었을 것입니다.

매 학기 강의를 개설하면 강의계획서를 작성하여 공개하고, 이를 확인하여 학생들로 하여금 수강신청을 하도록 하고 있습니다. '과목운영계획서'라고 할 수 있습니다. 강의계획서는 교수자에게는 한 학기 강의에 대한 전체적인 계획을 세우도록 하고, 학생들에게는 그 정보를 제공하여 학습에 참고하는 것이라 할 수 있습니다.

**강의계획서**를 작성하기 전에, 먼저 알아야 할 것을 정리해 봅니다.

첫째, 강의계획서는 수업에 대한 요구 분석과 설계의 결과입니다. 강의계획은 수업 설계의 결과물이며, 따라서 제대로 된 수업 설계가 필수입니다. 강의계획서를 작성하기 위한 준비과정이 곧 수업 설계 과정이 될 수 있습니다.

둘째, 강의계획서에는 목표, 내용, 방법, 평가계획이 포함되며, 이들 간의 정합성이 중요합니다. 각각의 요소도 중요하고,

이것들의 정합적인 체계도 중요하다는 뜻입니다. 항상 '수미일 관'을 염두에 두고 강의계획서를 작성합니다.

셋째, 강의계획서는 수업에 대한 약속입니다. 학생들은 강의 계획서를 살펴보고 해당 과목을 수강합니다. 교수자의 계획을 인지하고 수강하는 것이고, 향후 학습계획에 참고하게 됩니다. 강의계획서에 밝힌 대로 수업을 진행하는 것은 대단히 중요하 며, 학습자 특성과 수업 맥락이 변경되는 경우에 수업계획을 변 경하고 추후 안내와 동의를 구해야 합니다.

수업 설계의 전체적인 절차는 2장에서 살펴보았고, 여기에서 는 수업 설계에 있어서 가장 먼저 이루어져야 하는 **요구 분석**에 대해 살펴보겠습니다. 수업에 대한 요구 분석은 적절한 수업목 표를 수립하고, 효과적인 수업내용과 수업방법을 선정하며, 적 합한 평가전략을 개발하기 위해서 선행되어야 하는 중요한 활 동입니다. 이를 위하여 학습자 특성 분석과 수업 맥락 분석이 필요합니다.[1]

**학습자 특성**은 학습자의 수행 수준과 학습 관련 주요 특성으 로 구분될 수 있습니다. 특히 교수자가 학습자에게 기대하는 수 행 수준과 현재 수행 수준과의 차이를 파악하는 것이 중요합니 다. 시험이나 과제 등의 평가 결과, 관찰, 면담 등을 통해 파악 할 수 있습니다. 학습과 수업에 영향을 미치는 주요 학습자 특성은 기본적으로 학습자의 성별, 연령, 학습 능력, 학습동기, 관심사, 수강생 인원 등입니다. 학습자는 수강신청을 받은 후에 좀 더 정확하게 파악할 수 있습니다. 전공과목의 경우 복수전공생, 편입생, 유학생 등의 분포, 교양과목은 수강생의 전공 분포를 확인할 필요가 있겠지요. 학생들의 학습 능력은 진단평가나 관찰을 통해서 파악하고 적절히 반영하게 됩니다.

**수업 맥락**은 학습이 이루어지는 상황으로, 대면 수업인 경우는 주로 강의실, 실습실, 운동장, 체험학습 현장 등이고, 비대면 수업인 경우는 가정이나 실시간 화상 수업 시스템과 같은 다양한 온라인 학습 플랫폼이 됩니다. 학습 상황 분석의 예는 가능한 수업매체, 학생 수, 강의실의 크기와 형태, 책상 배치, 칠판과 스크린의 크기와 위치, 마이크 시설 등입니다. 저는 반드시 강의실의 위치와 환경을 확인합니다. 수강 학생 수에 적합한지, 팀 학습을 위한 좌석 배치에 용이한지, 교수매체 활용이 편리한지 등을 점검하고, 필요하면 바꿔 달라고 요청하기도 합니다. 변경이 어렵다면 강의실 환경에 맞게 수업계획을 일부 조정해야겠지요.

수업 요구 분석의 다음 과정으로 수업목표의 설정, 수업 내용과 방법의 선정, 평가전략의 개발 등이 이어집니다. 수업목표에 대해서는 뒤에서 다시 살펴보고, 수업 설계의 전체 과정은 교육학 기초에서, 수업 운영과 평가에 대해서는 각각 해당 부분에서 자세히 살펴보도록 하겠습니다.

통상 다음 학기 수업은 그전 학기에 개설이 확정되고 교수자가 정해집니다. 몇 달 정도의 준비기간이 있고, 매년 개설되거나 주기별로 개설되는 경우가 있으므로 개설을 예상하고 준비할 수 있습니다. 과목을 새로 담당한 경우는 물론이고, 반복적으로 담당하는 경우에도 요구 분석을 새롭게 해 보는 것도 중요합니다. 시대에 따라 학습자들이 변하고, 수업 상황도 달라지기 때문입니다. 코로나19로 인해 비대면 수업 상황이 생기고 이제 대면, 비대면 동시에 가능하게 된 것도 그러한 측면이겠지요.


## 강의계획서 양식을 살펴볼까요

**강의계획서 양식**은 통일된 표준 양식이 없습니다. 대학마다 다른 양식을 사용하는데, 최근에는 대체로 비슷한 양식을 쓰고 있는 것으로 보입니다. 몇 개 대학의 강의계획서를 조사해 보니, 다음 양식을 공통적으로 사용하고 있는 것으로 보입니다. 절대적인 양식은 아니므로 적절하게 참고하기 바랍니다.

I. 교과목 정보

| 개설년도/학기 | | 개설학과(전공) | | |
|---|---|---|---|---|
| 교과목번호 | | 분반번호 | | |
| 교과목명 | | 이수구분 | | |
| 학점/시수 | | 강의정원 | | |
| 담당교수 | | 학과전화 | | |
| 교수소속 | | 담당교수전화 | | |
| 홈페이지 | | E-Mail | | |
| 강의시간/강의실 | | 평가방법 | | |
| 기대 역량 | 1순위 | 2순위 | | 3순위 |

　먼저, 과목에 대한 기본 정보가 있습니다. 개설하는 교과목에 대한 기본적인 정보들, 그리고 담당교수와 연락처, 강의시간과 강의실 등이 일목요연하게 제시되는 부분입니다. 이 부분은 어려울 것이 없겠지요? 마지막에 교과목을 통해 기대하는 역량을 표시하는 칸이 있네요. 대학에 따라 다르지만 대부분 기대 역량을 기입하거나 선택하도록 하고 있습니다. 이것은 역량을 중시하는 대학교육의 동향을 보여 주며, 이러한 역량을 길러 주는 데 초점을 두고 수업을 설계하도록 권장하는 뜻도 있습니다.

　일부 대학은 대학생이 길러야 할 역량 모델을 제시하고, 그 역량들 중에서 선택하도록 하고 있습니다. 이 경우 대학에서 제시하는 역량들을 확인하고 해당 과목과 가장 관련이 있는 역량, 과목이 중점을 두고 기를 역량을 선택하면 됩니다.

대학생 역량과 관련하여 참고할 만한 것으로 '**학생 핵심역량 진단**(Korea Collegiate Essential Skills Assessment: K-CESA)'을 소개합니다.[2] 대학생들의 핵심역량 수준을 파악하여 진로개발을 지원하고 대학의 교육역량 강화를 지원할 수 있도록 교육부와 한국직업능력연구원이 개발한 진단 도구로 매년 대학생들이 진단검사를 받고 조사 결과가 발표되고 있습니다. 여기에서는 대학생의 핵심역량으로 의사소통 역량, 글로벌 역량, 대인관계 역량, 종합적 사고력, 자원·정보·기술의 활용 역량, 자기관리 역량을 제시하고 있습니다.

앞서 소개한 4C(창의성, 비판적 사고, 의사소통, 협력), 서울대학교의 학생 핵심역량도 참고할 수 있겠습니다. 최근에는 대부분의 대학이 학생 핵심역량을 개발하고 있어 수업하는 대학의 역량 모델을 확인하고 참고할 수 있습니다.

II. 교과목 개요(Course Overview)

| 1. 수업개요 |
| --- |
|  |

| 2. 선수학습내용 |
| --- |
|  |

**3. 수업방법(%)**

| 강의 | 토의/토론 | 실험/실습 | 현장학습 | 개별/팀 별 발표 | 기타 |
| --- | --- | --- | --- | --- | --- |
| % | % | % | % | % | % |

**4. 평가방법(%)**

| 중간고사 | 기말고사 | 퀴즈 | 출석 | 과제 | 포트폴리오 | 참여도 | 기타 |
| --- | --- | --- | --- | --- | --- | --- | --- |
| % | % | % | % | % | % | % | % |

다음은 교과목 개요입니다.

수업개요는 이 과목과 수업 운영에 대해 학생들에게 소개하고 싶은 전체적인 내용을 적는 부분입니다. 해당 과목이 교육과정에서 어떠한 위치에 있는지 소개하는 것도 좋고, 전공 기초에 해당한다 혹은 전공 심화에 해당한다, 무엇을 깊이 공부한다, 최종적으로 무엇을 기대한다 등 학습 내용과 결과에 대한 소개도 좋습니다. 가급적이면 공부하고 싶은 마음이 들게 하는 매력적인 개요가 좋겠지요?

선수학습은 사전에 학습하기를 기대하거나 요구하는 것으로, 사전에 이수하면 좋은 혹은 이수해야 하는 특정 과목명을 제시하거나, 전공과목 몇 과목 이상을 수강할 것 등 과목 수강에 필요한 사전학습의 범위를 밝힙니다. 최근에는 전공 필수 과목을 줄이는 추세여서 권장사항으로 기능하는 경우가 많고, 가급적이면 개별 과목 수강 직전이 아니라 전체 교육과정 안내에서 미리 파악할 수 있도록 하는 것이 좋습니다.

수업방법과 평가방법은 비율로 제시하도록 되어 있습니다. 자세한 내용은 다음에 소개하고, 여기에서는 직관적으로 수업방법과 평가방법의 요소와 그 비율 분포만 확인하도록 한 것입니다. 수업방법과 평가방법의 보기에 해당하는 내용은 절대적이지 않습니다. 수업방법에서 '강의'는 대체로 전달식 수업방법을 의미하며, 평가방법에서 중간고사와 기말고사는 필수는 아닙니다. 주어진 양식에서 적절히 제시하면 되겠습니다.

Ⅲ. 교과목표(Course Objective)

Ⅳ. 수업운영방식(Course Format)

Ⅴ. 학습 및 평가활동(Course Requirements and Grading Criteria)

Ⅵ. 수업 규정(Course Policies)

Ⅶ. 교재 및 참고문헌(Materials and References)

과목 개요에 이어 자세하게 설명할 부분은 교과목표, 수업운영방식, 학습 및 평가활동, 수업 규정, 교재 및 참고문헌입니다.

과목의 목표는 과목을 통해 달성하고자 하는 바입니다. 하나로 제시할 수도 있지만 두세 개 정도로 나누어 제시하는 것이 좋습니다. 개별 수업의 목표는 '행동적 용어로 진술해야 한다'는 원칙이 있지만, 과목의 전체 목표는 반드시 그렇게 할 필요는 없습니다. 블룸의 교육목표 분류(기억, 이해, 적용, 분석, 평가, 창조)를 참고해도 좋고, 행동적 용어로 진술해도 됩니다. 저는 첫째 목표를 이해, 둘째 목표를 적용과 관련된 것을 주로 설정하고 있습니다.

수업운영방식은 수업방법을 구체적으로 설명하는 부분입니다. 앞에서 비율로 제시한 것을 상세히 설명할 수도 있고, 특정한 교수법을 사용한다면 그에 대한 설명을 쓰면 됩니다. 플립러닝이나 프로젝트학습과 같이 특정한 교육방법을 사용할 경우, 그 배경과 내용을 간단히 소개하고 수업에서의 운영방식을 구체적으로 설명합니다.

학습 및 평가활동은 평가방법을 구체적으로 설명하는 부분입니다. 역시 앞에서 비율로 제시한 것을 상세히 설명하거나, 특정한 평가방법을 사용하는 경우 그에 대한 설명을 씁니다. 예습 퀴즈나 학습 준비도 평가를 본다면 총 몇 회 실시하는지, 지필고사의 경우 선택형과 서술형 등 방식을 설명하는 것도 좋습니다. 평가는 수업운영방식과 긴밀하게 연결되므로 이와 관련해서 작성하는 것이 좋겠지요.

수업 규정은 교수자가 정한 수업 방침(policy)일 수도 있고, 학습자에게 준수할 것을 기대하는 수업 규정(regulation)일 수도 있습니다. 수업에서 꼭 지켜야 할 것들을 선별하여 제시합니다. 출결에 대한 사항(지각, 결석 시 연락 및 해야 할 일), 사전학습을 충실히 해야 하는 것, 팀 활동에 적극적으로 참여해야 하는 것 등이 있겠습니다. '학습자는 주체적이고 능동적으로 수업에 참여한다'는 메시지도 좋습니다!

교재 및 참고문헌은 특별한 설명이 없어도 알 수 있는 부분이지만, 이것도 고려할 사항이 있습니다. 수업에서 주교재를 선정할 것인지, 교수자의 수업자료를 제공할 것인지 결정하고, 부교재와 참고문헌도 어느 정도 소개할 것인지 결정할 필요가 있습니다. 너무 많은 자료를 안내하거나 대량으로 제공하는 것은 학습에 도움이 되지 않는답니다. 양질의 핵심자료와 참고자료를 적절하게 소개하는 것이 중요합니다.

Ⅷ. 주차별 강의계획(Course Schedule)

| 1주차 | 학습목표 및 주요학습내용 | |
| | 수업방식 | |
| | 자료 · 과제 및 기타 | |
| | . . . | |
| 15주차 | 학습목표 및 주요학습내용 | |
| | 수업방식 | |
| | 자료 · 과제 및 기타 | |

이제 주차별 강의계획입니다.

주차별로 학습목표와 주요학습내용, 수업방식, 자료 · 과제 및 기타 사항을 적도록 되어 있습니다. 학습의 목표와 주요내용을 제시하고, 적용할 수업방식, 그리고 필요한 자료와 과제 등을 밝혀 학생들의 수업 준비에 참고하도록 합니다.

15주차 수업이 어떻게 운영될지 전체 계획을 세워 주별로 배치하는 과정이 필요합니다. 학습내용을 선정하고 배분하는 것은 전문적인 영역입니다. 학습할 범위와 학습량을 정하고, 적절한 구분과 순서를 고려하여 주별로 배치합니다.

수업의 구성방식을 몇 가지 제시해 봅니다.

- **순차적 구성**: 학습내용을 진도나 위계에 따라 순서대로 구성
- **주제별 구성**: 2~3주씩 묶어서 주제를 나누어 구성
- **시기별 구성**: 전반부와 후반부(2등분), 전반부와 중반부와 후반부(3등분) 등으로 구분하여 구성
- **개별적 구성**: 각 주차가 서로 관계없이 구성

　수업을 반으로 나누어 전반부와 후반부, 수업의 3분의 1선을 기준으로 전반부, 중반부, 후반부로 나눌 수도 있는데, 전체 시간을 크게 계획하는 것이 필요합니다. 또한 학습내용의 진도를 나간다는 개념도 있겠지만 학습이 순차적으로 심화되는 방향으로도 진행할 수 있습니다.

　첫 주는 강의 오리엔테이션, 중간에는 중간고사, 마지막에는 기말고사로 주로 운영하는데 이것도 약간 변형할 수 있습니다. 첫 주에 통상 수강 변경이 가능하므로 둘째 주 수업에서 수강생이 확정되고 새로 수강하는 학생이 있는 경우도 있습니다. 첫날 OT를 새로운 수강생들에게 어떻게 전달할지 고민할 필요가 있습니다. 시험을 꼭 중간과 기말 두 번 볼 것이 아니고, 지식의 이해 차원의 시험은 중간쯤 한 번 평가하고, 후반은 프로젝트 학습으로 진행할 경우 프로젝트 결과물로 평가할 수도 있습니다. 기말시험을 보지 않더라도 수업의 정리와 성찰은 마지막에 배치하고 마무리하는 것이 좋겠지요.

주차별 계획은 교수자에게도 의미가 있는데, 계획대로 수업을 진행하는 지침이 됩니다. 필요에 따라 계획을 수정하는 경우 학생들에게 강의계획서를 기준으로 안내하여야겠지요.

### Ⅸ. 참고사항(Special Accommodation)



### Ⅹ. 강의철학(Course Philosophy)



마지막은 참고사항과 강의철학으로 이루어집니다. 강의 운영과 관련하여 참고할 만한 사항을 적고, 교수자의 교육철학을 밝혀 두면 학생들이 수강에 참고할 수 있겠지요. 역시 수업의 바탕을 이루는 것은 '철학'입니다.

지금까지 강의계획서 양식을 대략 살펴보았습니다. 무엇을 정해야 하는지 확인되었겠지요? 과목의 목표, 교육내용, 교육방법, 평가방법이 핵심이고, 15주 수업을 어떻게 구성할 것인지 전체적인 계획을 세우고 안내하는 것입니다.

# 강의계획서를 작성합니다

이제 **강의계획서**의 실제 샘플을 살펴보겠습니다.

제가 담당한 교육학과 전공 수업인 교사론 과목의 강의계획서를 예시로 살펴보겠습니다. 좋은 샘플이라기보다 실제 샘플, 실제 사례로 봐 주기 바랍니다.

### ▪ 표준 강의계획서 ▪

Ⅰ. 교과목 정보

| 개설년도/학기 | 202X학년도/2학기 | 개설학과(전공) | 사범대학 교육학과 |
|---|---|---|---|
| 교과목번호 | 1344-1006-00 | 분반번호 | |
| 교과목명 | 교사론 | 이수구분 | 전공(핵심) |
| 학점/시수 | 3-3-0 | 강의정원 | 20 |
| 담당교수 | 박수정 | 학과전화 | 042-821-0000 |
| 교수소속 | 사범대학 교육학과 | 담당교수전화 | 042-821-0000 |
| 홈페이지 | -제시- | E-Mail | -제시- |
| 강의시간/강의실 | 수14:00~17:00 (글로벌308) | 평가방법 | 절대평가 |
| 기대 역량 | 1순위 탐구 | 2순위 창의성 | 3순위 협력 |

**교사론**은 교육학과 1학년 전공과목입니다. 교직과 교사의 현실을 구체적으로 이해하고 교육을 위한 교사의 지향을 탐구하는 수업입니다. 교육행정학, 교육심리학처럼 학문 분야에 대한

수업이 아니어서 상대적으로 유연한 운영이 가능합니다. 교사론 수업에서 **영화**를 만들고 있습니다. 교육학과 학생들이 영화제작이라…… 가능할까요? 가능합니다! 일종의 **프로젝트학습**이지요. 20명까지 수강이 가능한 전공과목인데 평가방법이 절대평가인 것은 뒤에서 설명하겠습니다. 기대 역량으로 탐구, 창의성, 협력을 명시하였습니다.

## II. 교과목 개요(Course Overview)

### 1. 수업개요

학교교육을 받은 사람이라면 교사는 익숙한 존재다. 그러나 교사의 삶과 문화에 대해서는 구체적으로 알고 있지 못하다. 교육학에서 교사는 학교교육의 핵심적인 인물로 매우 중요한 연구 대상이며, 사회적으로 중요한 일을 하는 직업과 개인적인 삶 간에 균형을 잡아야 하는 실존의 인물이다. 이 수업은 교사의 삶과 문화를 구체적으로 학습하고, 교사와 교직을 주제로 협력적으로 영화를 만드는 과정을 통해 교사의 현실과 지향에 대한 구체적인 이해를 도모한다.

### 2. 선수학습내용

교육학과 재학생 1학년 대상(2학년 이상도 수강 가능)

### 3. 수업방법(%)

| 강의 | 토의/토론 | 실험/실습 | 현장학습 | 개별/팀 별 발표 | 기타 |
|------|-----------|-----------|----------|-----------------|------|
| 30% | 20% | 40% | % | 10% | % |

### 4. 평가방법(%)

| 중간고사 | 기말고사 | 퀴즈 | 출석 | 과제 | 포트폴리오 | 참여도 | 기타 |
|----------|----------|------|------|------|------------|--------|------|
| % | % | 30% | 10% | 50% | 10% | % | % |

수업개요는 수업에 대한 직관적인 이해가 가능한 문장들로 표현하였습니다. 1학년이라 선수학습은 없고, 오히려 다른 학년도 수강이 가능하다고 표시하였네요. 수업방법과 평가방법은 주어진 항목에서 비율을 제시하였습니다. 프로젝트 학습이 절반이라 수업방법에서는 실험과 실습, 평가방법에서는 과제의 비율이 높은데, 정확히 표현하면 팀 활동, 그리고 팀 결과물에 해당합니다.

## Ⅲ. 교과목표(Course Objective)

1. 교사와 교직에 대한 주요 개념, 이론, 현실을 이해한다.
2. 스마트폰 영화를 창작하는 과정을 통해 교사와 교직에 대한 창의적 문제의식을 표현하는 능력을 함양한다.

## Ⅳ. 수업운영방식(Course Format)

1. 전반부는 교수의 강의와 읽기자료에 대한 토의로 진행되고, 후반부는 교직과 교육을 주제로 한 영화를 팀별로 제작하는 프로젝트를 실시한다.
2. 스마트폰 영화 제작 프로젝트: 4~5인을 한 팀으로 교사와 교직에 관한 스마트폰 영화(15분 이내) 제작

Ⅴ. 학습 및 평가활동(Course Requirements and Grading Criteria)

1. 주교재는 학습 준비도 평가를 실시하고, 영화 제작 팀 프로젝트를 진행한다.
2. 개인 평가: 학습 준비도 평가 결과, 과제(교사의 현실과 이상, 영화 제작 성찰), 참여도, 출석 등
3. 팀 평가: 영화 제작, 영화 제작 과정에서 생산된 모든 것(팀 포트폴리오)
4. 학내 '지역사회 혁신교과목(지역사회인사 연계)'으로 선정되어 절대평가가 적용되며, 개인 50%, 팀 50%로 평가한다.

Ⅵ. 수업 규정(Course Policies)

1. 주체적인 학습자로서 수업에 참여한다.
2. 영화 제작 팀 프로젝트에 적극적으로 참여하고 좋은 결과물을 만든다.
3. 강의계획서와 LMS 공지를 확인하고 일정을 준수한다(필수 공지는 문자 발송).
4. 결석 시 사전에 이메일로 연락하고 부여된 대체과제를 수행한다(3회부터는 상담 필요).

Ⅶ. 교재 및 참고문헌(Materials and References)

1. 주교재: 이혁규(2021). 한국의 교사와 교사 되기. 교육공동체벗
2. 참고: 미국과 한국의 교직사회-교직과 교사의 삶
   기타 교사 관련 학술논문(LMS 제공)


교과목표는 내용에 대한 것과 방법에 대한 것으로 두 가지를 제시하였습니다. 다양한 방식과 표현으로 제시할 수 있으니 참

고만 하기 바랍니다.

　수업운영방식은 수업의 구성과 주요 핵심활동에 대한 것을 설명하였습니다. 전반부와 후반부 구성, 후반부에 이루어지는 프로젝트에 대한 내용을 제시하였습니다.

　학습 및 평가활동은 개인과 팀의 평가 요소들과 비율, 그리고 절대평가 방식임을 제시하였습니다. 제가 소속된 대학에서는 지역사회 혁신교과목을 운영하는데, 약간의 운영 지원금을 주어 지역사회전문가의 특강과 자문을 부탁할 수 있고, 무엇보다도 절대평가가 가능합니다. 팀 프로젝트를 열심히 참여하게 하고 노력한 만큼 학점을 받을 수 있도록 지역사회 혁신교과목으로 신청하여 선정되었습니다. 대학마다 비슷한 제도가 있을 수 있으니 참고하기 바랍니다.

　수업 규정은 주체적인 학습자의 태도, 팀 활동에 대한 태도, 일정 준수, 결석에 대한 사항을 적었는데, 과목에 따라 공통된 것도 있고 차이가 있는 것도 있습니다.

　다음은 주차별 강의계획입니다. 전반부와 후반부를 구분하여 운영하였기 때문에 나누어 설명합니다.

## Ⅷ. 주차별 강의계획(Course Schedule) - 전반부

| 1주차 | 학습목표 및 주요학습내용 | 강의 오리엔테이션, 교사론 개관 |
|---|---|---|
| | 수업방식 | 진단평가, 강의 |
| | 자료 · 과제 및 기타 | |
| 2주차 | 학습목표 및 주요학습내용 | 교직과 교사 관련 이론 |
| | 수업방식 | 강의, 토의 |
| | 자료 · 과제 및 기타 | |
| 3주차 | 학습목표 및 주요학습내용 | 주교재 [한국의 교사와 교사 되기] 1~4장 |
| | 수업방식 | 학습 준비도 평가, 강의, 토의 |
| | 자료 · 과제 및 기타 | 학습요약지(1쪽, 자필 또는 워드)를 작성하여 평가 시 참고 가능 |
| 4주차 | 학습목표 및 주요학습내용 | 주교재 [한국의 교사와 교사 되기] 5~8장 |
| | 수업방식 | 학습 준비도 평가, 강의, 토의 |
| | 자료 · 과제 및 기타 | 학습요약지(1쪽, 자필 또는 워드)를 작성하여 평가 시 참고 가능 |
| 5주차 | 학습목표 및 주요학습내용 | 주교재 [한국의 교사와 교사 되기] 9장~끝 |
| | 수업방식 | 학습 준비도 평가, 강의, 토의 |
| | 자료 · 과제 및 기타 | 학습요약지(1쪽, 자필 또는 워드)를 작성하여 평가 시 참고 가능 |
| 6주차 | 학습목표 및 주요학습내용 | 한국의 교사 현실 이해 1 |
| | 수업방식 | 논문 토의 |
| | 자료 · 과제 및 기타 | 읽기자료(LMS 탑재) 읽어 오기 (LMS에 소감 덧글 달기) |
| 7주차 | 학습목표 및 주요학습내용 | 한국의 교사 현실 이해 2 |
| | 수업방식 | 책 소감 나누기 |
| | 자료 · 과제 및 기타 | 교사가 쓴 책 읽어 오기 (LMS에 소감 덧글 달기) |
| 8주차 | 학습목표 및 주요학습내용 | 한국의 교사 현실 이해 3 |
| | 수업방식 | 교사 면담 발표, 토의 |
| | 자료 · 과제 및 기타 | 교사 면담내용 정리해 오기 |

전반부의 첫 시간에는 강의 오리엔테이션과 수업에 대한 전반적인 개관을 합니다. 간단한 진단평가도 합니다. 학생들의 수준을 평가하는 목적보다는 진위형 평가 문항을 통해 수업에 대한 흥미를 유발하고 수업의 방향을 파악할 수 있는 용도로 사용합니다.

직접 설명하는 방식도 사용하지만, 주교재만큼은 확실히 공부하도록 합니다. 2주차 강의에 이어 3주차부터 3주 혹은 4주간 교재 한 권을 사전학습하게 하고, 학습 준비도 평가, 일명 예습 퀴즈를 봅니다. 교사양성교육을 중심으로 최근 발간된 좋은 책 한 권을 선정했고, 교사 전문성, 교사 효능감, 교사 학습공동체 등 다양한 개념과 이슈를 접하도록 하였습니다.

책 한 권을 열심히 공부한 후에는 다양한 읽기자료들, 특히 교직의 현실을 생생하게 묘사한 질적 연구논문들을 선정하여 읽어오게 하고 토의하도록 하였습니다. 교사 면담 과제도 넣었는데, 궁금한 것들을 선생님 한 분에게 대면 혹은 전화면담을 하고 전사하고 정리하도록 하여 질적 연구 맛보기를 해 보게 하였습니다.

이렇게 전반부에는 강의와 책, 논문, 면담 등을 통해 확실하게 공부하고, 후반부는 공부한 것을 바탕으로 적용과 창조를 하는 계획으로 구성하였습니다.

## Ⅷ. 주차별 강의계획(Course Schedule) - 후반부

| | | |
|---|---|---|
| 9주차 | 학습목표 및 주요학습내용 | 스마트폰 영화 제작 오리엔테이션, 영화 기획 특강(전문가) |
| | 수업방식 | 프로젝트학습, 특강 |
| | 자료 · 과제 및 기타 | |
| 10주차 | 학습목표 및 주요학습내용 | 영화 기획 선정, 팀 구성 |
| | 수업방식 | 프로젝트학습 |
| | 자료 · 과제 및 기타 | 스토리 1장 작성해 오기 |
| 11주차 | 학습목표 및 주요학습내용 | 영화 시나리오 점검, 영화 촬영 특강 (전문가) |
| | 수업방식 | 프로젝트학습, 특강 |
| | 자료 · 과제 및 기타 | 팀별 시나리오 작성해 오기 |
| 12주차 | 학습목표 및 주요학습내용 | 영화 촬영 |
| | 수업방식 | 프로젝트학습 |
| | 자료 · 과제 및 기타 | 팀별 촬영계획서 준비해 오기 |
| 13주차 | 학습목표 및 주요학습내용 | 영화 편집, 영화제 준비 |
| | 수업방식 | 프로젝트학습 |
| | 자료 · 과제 및 기타 | 팀별 영화 가편집본 준비해 오기 |
| 14주차 | 학습목표 및 주요학습내용 | 영화제(교육학제 상영 예정) |
| | 수업방식 | |
| | 자료 · 과제 및 기타 | 영화제 진행 및 참석 |
| 15주차 | 학습목표 및 주요학습내용 | 교직과 교사의 현실과 이상, 영화 제작 성찰 |
| | 수업방식 | 발표, 토의, 강의 |
| | 자료 · 과제 및 기타 | 개인 발표 준비 |

제3장 대학 수업의 계획: 강의계획서 작성

후반부는 프로젝트를 통한 학습과 정리로 진행됩니다. 교직과 교사를 주제로 영화를 제작하는 프로젝트이며, 온 국민이 가지고 있는 동영상 촬영매체인 스마트폰으로 촬영하는 간편한 방법으로 2013년부터 진행해 왔습니다. 제작된 영화는 학과 행사인 교육학제에 출품하여 전체 학생 앞에서 상영합니다. 중간고사 기간 이후가 다소 여유가 있는 시기이며 12월 초에 교육학제가 실시되어 이 시기에 진행하고 있습니다. 이 과목은 당초 2학년 2학기 편성이었는데 학생들이 가장 시간적으로 정신적으로 여유가 있는 1학년 2학기로 편성을 변경하여 운영하고 있습니다. 아직 대학에서 배운 것은 많지 않지만 무엇이든 할 수 있는 젊은 날에 동기들과 함께 하는 최고의 그리고 최대의 팀 프로젝트입니다.

■ 교사론 영화제 포스터(2022) ■

마지막 주에는 이 수업을 종합적으로 정리하는 주제의 글을 발표하고, 최종 과제는 종강 수업 며칠 후까지 LMS 과제방 업로드 및 교수 우편함에 제출하도록 하고 있습니다.

주차별 계획에서 중간고사와 기말고사가 없네요? 이 수업은 주교재에 대한 학습 준비도 평가가 있어서 그것을 지필평가로 갈음하였습니다. 그리고 후반부 프로젝트 학습은 결과물(영화)과 과정(영화 제작 포트폴리오)으로 평가합니다. 조금 아쉽다면(!) 중간고사를 넣어도 됩니다. 3시간 연강인 경우, 한 시간 시험 보고 수업을 이어서 해도 괜찮습니다. 단, 기말고사는 불필요합니다. 이런 대규모 팀 프로젝트는 제대로 수행만 했다면 그것으로 충분합니다!

### IX. 참고사항(Special Accommodation)

장애학생 학습편의 제공 안내
대학 출결 규정 안내

### X. 강의철학(Course Philosophy)

학습자는 지식을 만들어 가는 주체이며, 교수자는 학습을 촉진하는 역할을 한다.
학습자는 적극적으로 수업에 참여하고 상호작용함으로써 제대로 더 많이 배울 수 있다.

이렇게 강의를 진행했을까요?

3학점에 3시간 연강으로 운영되기 때문에 주차별 계획이 매 주차 수업에 대부분 그대로 적용되었고, 3시간 중 두 번은 반드시 쉬었습니다!

그리고 고백하자면, 실제로 운영한 내용을 반영하여 약간 수정한 것을 보여 드렸습니다. 계획된 수업에 실제를 약간 가미한 것입니다. 수업을 운영하면서 강의계획서보다 좀 더 자세한 내용들은 별도로 안내하게 되는데, 수업시간에 구두로, 사전에 LMS 공지와 문자 등으로 정확하게 안내하면 됩니다.

수업의 기본 골격은 강의계획서대로! 강의계획서로 구상한 수업의 전체 모습을 머릿속에 그리면서, 구체적인 활동과 세부적인 안내를 첨가하면 되겠지요.

일반적인 강의식 수업의 계획서는 특별히 설명할 필요가 없을 것 같아서 다양한 방식으로 진행된 수업의 계획을 보여 드렸습니다. 강의계획서 작성 요령 외에도 수업 설계와 운영의 팁을 얻는 데 도움이 되기 바라고, 영화 제작을 가져온 **프로젝트 기반 팀 학습**에 대해서는 6장을 참고하기 바랍니다.

## 교육목표 설정과 관련 활동

강의계획서를 작성할 때, '목표'를 제시하는 것이 쉽지 않다고 느껴질 수 있습니다. 교육의 목표에 대해 살펴보겠습니다.

교육과정과 수업에서 **교육목표**는 대단히 중요합니다. 상위의 개념인 목적에서 출발하며, 목표는 다시 단원목표, 수업목표 등 구체적인 명세목표로 구성됩니다. 전체 수업의 목표와 개별 수업의 목표는 차이가 있는데, 일단 교육목표에 대한 일반적인 설명을 참고해 보겠습니다.

블룸(Bloom)은 1956년에 교육목표 분류학(taxonomy)을 창안하였습니다. 블룸은 인지적 영역(일반적인 지식), 정의적 영역(가치와 태도), 심체적 영역(신체의 움직임)을 구분하고, 인지적 영역의 교육목표를 6단계로 제시하였습니다.

다음은 **교육목표 분류**(인지적 영역)의 최신 버전으로, 2001년에 수정된 버전입니다. 당초 지식, 이해, 적용, 분석, 종합, 평가 등 명사였던 것이 동사로 바뀌었습니다. **기억하기**, **이해하기**, **적용하기**, **분석하기**, **평가하기**, **창조하기**의 순서로 상위 목표로 나아가게 됩니다.

각각의 내용도 확인해 볼까요? 사실이나 기본 개념을 암기하는 것은 기억, 생각이나 개념을 설명하는 것은 이해, 새로운 상황에서 기존의 정보를 활용하는 것은 적용입니다. 개념들의 연결을 만드는 것은 분석, 관점이나 결정을 정당화하는 것은 평가, 새롭거나 독창적인 것을 만드는 것은 창조입니다. 교육목표를 설정할 때 참고하기 바랍니다.

■ Bloom 교육목표 분류(2001년 밴더빌트대학 수정모델)[3] ■

| 창조하기 | 새롭거나 독창적인 것을 만들어 내기<br>디자인, 조립, 추측, 구성, 개발, 고안, 저술, 탐구 |
| 평가하기 | 관점이나 결정을 정당화하기<br>평가, 논증, 변호, 심사, 선택, 지지, 가치판단, 비판, 고찰 |
| 분석하기 | 개념들의 연결 만들기<br>차별화, 조직화, 연결, 비교, 대조, 구분, 검토, 실험, 질문, 시험 |
| 적용하기 | 새로운 상황에서 기존의 정보 활용하기<br>실행, 수행, 해결, 활용, 시범, 해석, 작동, 계획, 스케치 |
| 이해하기 | 생각이나 개념을 설명하기<br>분류, 묘사, 토론, 설명, 확인, 위치 파악, 인식, 보고, 번역 |
| 기억하기 | 사실이나 기본 개념 암기하기<br>정의, 복제, 열거, 암기, 반복, 진술 |

교육목표를 하위 단계와 상위 단계로 구분하기도 합니다. 플립러닝에서는 이것을 '뒤집는다'고도 이야기합니다. 그러나 이것을 낮은 수준과 높은 수준이라고 나누는 것은 단순한 이해로 보이며, 반드시 순차적으로 나아간다기보다는 상보적으로 이루어진다고 볼 수 있습니다. 이해와 분석이 동시에 가능할 수 있고, 적용과 창조도 동시에 가능할 수 있으며, 대부분의 학습에

는 기억과 이해가 요구됩니다. 제대로 알수록 적용도 창조도 할 수 있는 것!

　다음은 교육의 목표에 맞는 학습자의 행동과 결과물의 예시입니다. 매우 다양한 행동과 결과물을 확인해 볼 수 있지요. 예컨대, 이해하기의 경우, 설명하기 외에도 묘사하기, 연결하기, 추측하기, 바꾸어 말하기 등의 행동이 관련되고, 이야기, 요약문, 비유, 사진, 포스터 등의 결과물을 통해 달성할 수 있습니

■ Bloom 교육목표(목표-행동-결과물)[4] ■

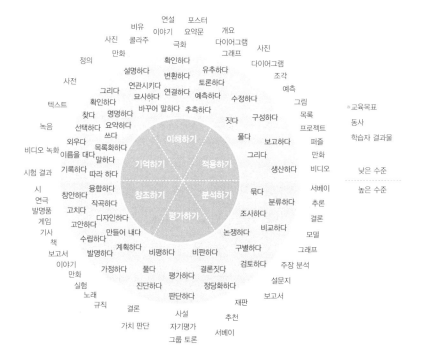

다. 제가 시도한 영화는 어디에 있을까요? 비슷한 연극이 보입니다. 창조라는 목표의 결과물이네요. 이렇게 다양한 행동과 결과물을 참고하면 수업에서 다양한 활동과 산출물을 구상하는 데 도움이 될 것입니다.

메이거(Mager)는 수업목표의 구성요소로 **ABCD**, 즉 학습자(Audience), 학습자가 수행하게 될 행동(Behavior), 학습행동이 일어나는 조건(Condition), 그리고 학습 달성 수준을 판정할 수 있는 정도(Degree)를 제시하였습니다. 예컨대, "학생은(학습자) 연대표를 참고하여(조건), 갑오개혁의 발생 원인을 3개 이상(정도) 제시할 수 있다(행동)."가 그 예입니다.

**행동적 수업목표**의 종류(예시)는 다음과 같습니다. 강의계획서 수준에서 이렇게 상세한 목표를 제시하지는 않지만, 개별 수업에서는 참고할 수 있겠습니다.

■ 행동적 수업목표의 종류(예시) ■

| 학습자에게 기대하는 수준 | 기대하는 학습자 행동 기술 | | |
|---|---|---|---|
| 수준 1: 지식/이해<br>사물을 기억하고 인식한다. | • 분류하다<br>• 설명하다<br>• 인식하다<br>• 명명하다 | • 정의하다<br>• 파악하다<br>• 환언하다<br>• 선정하다 | • 예를 들다<br>• 연결하다<br>• 열거하다<br>• 진술하다 |

| 학습자에게 기대하는 수준 | 기대하는 학습자 행동 기술 | | |
| --- | --- | --- | --- |
| **수준 2: 적용**<br>상황을 구체화하기 위해 정보를 활용한다. | • 택하다<br>• 작용하다<br>• 각색하다<br>• 실증하다 | • 계산하다<br>• 수행하다<br>• 해석하다 | • 조립하다<br>• 예견하다<br>• 활용하다 |
| **수준 3: 분석**<br>자료를 기본적 단위로 분석하거나 분해한다. | • 분석하다<br>• 구분하다<br>• 대조하다<br>• 표시하다 | • 분류하다<br>• 구별하다<br>• 비평하다 | • 비교하다<br>• 시험하다<br>• 분리하다 |
| **수준 4: 종합**<br>분석된 요소들을 새로운 구조나 조직으로 종합한다. | • 정렬하다<br>• 논의하다<br>• 설정하다<br>• 조직하다<br>• 표시하다 | • 결합하다<br>• 공식화하다<br>• 요약하다<br>• 모으다 | • 구성하다<br>• 일반화하다<br>• 쓰다<br>• 관련시키다 |

    강의계획서 작성을 중심으로 수업 설계와 교육목표에 대해 알아보았습니다. 실제 수업을 운영하고 평가하는 나침반이 되고, 다음 수업에 환류하여 계속적으로 발전시키는 강의계획서를 기대합니다!

■ 좋은 강의계획서를 작성할 때 고려해야 할 것들을 소개합니다.
수업의 모든 것이 담겨 있는 강의계획서는 좋은 수업의 출발입니다!

## 좋은 강의계획서의 요소[5]

| 영역 | 요소 |
|---|---|
| 교수학습 목표 | • 학습목표의 구체화<br>• 강의 목적 및 교수목표의 명시<br>• 목표와 교수학습 계획의 연계성 |
| 차시별 수업내용 | • 차시별 수업내용의 구체화<br>• 수업내용과 교수학습 계획의 연계성 |
| 수업 환경 및 관리 | • 교육과정상의 강좌 정보 제시<br>• 교수자와 학생과의 커뮤니케이션 방법 제시<br>• 수업 매체 및 자원 안내<br>• 학습자 중심 강의계획서 작성<br>• 수업 관리 |
| 학습과제 수행 | • 학생의 과제 수행 방법 안내<br>• 과제에 대한 평가방법 명시<br>• 과제와 교수학습 계획과의 연계성 |
| 교수학습 평가 | • 평가 준거의 제시<br>• 평가방법에 대한 설명<br>• 평가와 교수학습 목표와의 연계성 |

# 대학 수업의 운영:
# 좋은 수업의 기술

"대학 수업은 학회에서 발표하는 것과 같은 것일까요?"

"교수자가 가르쳐 준 내용이 그대로 학습자의 것이 될까요?

"수업과 관련 없는 재미난 이야기 외에, 학생을 수업에 집중시키는 방법은 없을까요?

"수업이 끝난 후 질문하는 학생들이 많은데, 수업 중에 해결할 수 있으면 좋지 않을까요?"

수업 컨설팅을 하면서 종종 드리는 질문입니다.

수업에 대한 여러 방법과 기술도 안내하지만, 수업에 대한 '발상의 전환'이 이루어지면 수업 행동이 저절로 바뀔 수도 있습니다.

수업의 변화는 생각의 변화, 그리고 기술의 변화로 가능합니다.

대학 수업에 대한 생각을 다시 해 보고, 수업 운영에 활용할 수 있는 구체적인 기술도 살펴보고자 합니다.

# 대학 수업에 대해 먼저 생각할 것들

대학 수업의 운영에 있어서 먼저 생각할 것들입니다.
다음과 같은 말씀을 드리고 시작합니다.

- 수업은 '프레젠테이션'이 아니다.
- 가르친다고 해서 배우는 것은 아니다.
- 수업은 '상호작용'이다.
- 수업의 기본이 있다.
- 수업의 맥락에 따라 좋은 수업은 다르다.
- 교육학 기초와 교수법을 알면 도움이 된다.

 ● 수업은 '프레젠테이션'이 아니다

연구자에서 교수자로 정체성이 전환되는 분께 꼭 드리고 싶은 말씀입니다. 공대에서 가르치는 교수자들은 특히 주목해 주세요. 학회에서 많이 하는 **프레젠테이션**은 연구 결과를 요약하고 전달하는 자료입니다. 연구에 대한 발표이지 교육이라고 보기는 어렵습니다. 그런데 강의실에서도 학회 발표처럼 내용지식을 PPT에 가득 담고 처음부터 끝까지 설명하는 경우가 있습니다. 수업에는 반드시 교수자와 학습자의 상호작용 그리고 학

습자의 배움이 필요합니다.

● 가르친다고 해서 배우는 것은 아니다

'**가르친 교육과정**'과 '**학습된 교육과정**'이라는 개념이 있습니다. 교수자가 설명한 내용을 모두 학생이 자기 것으로 소화할 것이라는 기대는 버려야 합니다. '진도를 나가는 것' 또한 학습이 일어난 것이라고 볼 수는 없지요. 어떻게 해야 가르친 것이 배우는 것이 될까요? 설명 중심의 수업에서도 효과적인 방법들이 있습니다. 그리고 참여 중심의 수업과 팀 학습에서는 그 효과가 좀 더 커질 것으로 기대합니다.

● 수업은 '상호작용'이다

수업은 사람과 사람의 만남이며 역동적인 **상호작용**입니다. 기본적으로 '관계'가 중요하며, '신뢰'를 바탕으로 더욱 의미 있고 효과적인 학습이 가능합니다. 교수자가 학생의 이름을 불러주는 수업에서 학생은 어떻게 행동할까요? 팀 학습을 하는 수업에서 팀 구성원과 관계를 잘 맺으면 팀 활동의 결과물은 더욱 좋아지지 않을까요?

● 수업의 기본이 있다

수업의 왕도는 없지만 **기본**은 있습니다. 이를테면 수업시간 준수하기(정시에 시작하고 끝내기, 쉬는 시간 보장하기가 중요합니다!), 수업 용어는 '경어' 쓰기(친근하게 다가가려고 반말로 수업하는 것 안 됩니다!), 도입-전개-정리의 흐름으로 진행하기, 과제 내용과 과제 평가 기준을 명확히 제시하기 등은 수업의 공통된 기본입니다.

● 수업의 맥락에 따라 좋은 수업은 다르다

효과적인 수업 행동에 대한 연구들이 있고, 마이크로티칭(micro-teaching)과 같이 수업 행동 관찰과 개선을 위한 프로그램이 있지만, '**좋은 수업**'을 하나로 개념화할 수는 없습니다. 수업의 맥락, 즉 어떠한 상황이고, 무슨 내용이며, 참여자들은 어떠한 수준과 태도인지 등에 따라 수업은 달라집니다. 수업의 일반성과 개별성에 대한 이해가 모두 필요합니다.

● 교육학 기초와 교수법을 알면 도움이 된다

교육에 대한 경험만으로 좋은 수업을 구상하고 진행할 수 있을까요? 학생으로서 교육받은 경험, 교육을 하면서 쌓이는 경험도 중요하지만, **교육학**의 기초지식과 **교수법**을 알면 알수록 활용도가 높아지겠지요. 교수자가 수업을 통해 가르치는 내용을 학생들이 효과적으로 학습할 수 있기 위해서는 교수자로서의 학습과 실천 역량이 필요합니다.

## 짜임새 있는 수업: 도입-전개-정리

수업의 단계는 어떻게 구분할까요?

통상 세 단계, 즉 **도입**, **전개**, **정리**로 나눌 수 있습니다. 인트로가 있어야 하고, 본격적인 수업 진행이 있고, 마무리가 있어야 하는 것이지요. 시간을 배분하면 시작에 5분 정도, 마무리에 5분 정도, 본격적인 전개에 40분 정도 할애하게 됩니다.

대학 수업에서 한 차시의 기본은 50분이며, 연속되는 수업을 위해 다른 건물로 이동하는 학생들도 있을 수 있어 쉬는 시간 10분은 반드시 확보해야 합니다. 1시간 30분을 기본단위로 하는 학교도 있습니다. 이 경우 중간에 5분 정도 쉬거나, 1시간 15분 연속 수업 후 마치는 것이 기본입니다.

3학점 수업은 2시간과 1시간 구성, 3시간 연강, 1시간 30분씩 2회 등으로 구성됩니다. 학교에 따라 시간표와 수업 구성이 고정된 경우도 있고, 교수자가 선택하여 정하는 경우도 있습니다. 전자라면 시간표에 맞게, 후자라면 내 수업에 가장 적합한 수업 구성을 설정하여야겠지요.

전체 일정과 주별 수업 일정은 미리 정하고, 여기에서는 개별 수업의 운영에 초점을 두어 살펴보겠습니다.

다음은 **수업 행동 진단 항목**의 예시입니다.[1] 마이크로티칭, 수업 컨설팅, 우수 교수자 선정평가 등에서 활용되는 진단 항목으로 대학마다 다양한 양식을 사용하고 있습니다. 절대적인 양식은 아니라는 점에 주의하면서 살펴보기 바랍니다.

먼저, 수업의 구성, 수업의 진행과 관련된 진단 항목입니다.

■ 수업 구성 · 진행 관련 수업 행동 진단 항목(예시) ■

| 구분 | 수업 행동 진단 항목(예시) |
|---|---|
| 수업 구성 | • 수업에 시작이 있는가?<br>• 수업에 끝맺음이 있는가?<br>• 수업에 여유가 있는가?<br>• 수업이 호기심을 유발하는가?<br>• 가장 중요한 내용이 부각되는가? |
| 수업 진행 | • 수업에 열의가 있는가?<br>• 수업 속도와 흐름은 적절한가?<br>• 수업시간 조절은 잘하고 있는가? |

수업에서 '시작'과 '끝'이 있는지는 매우 중요합니다. 도입 없이 시작하고 마무리 없이 끝내는 수업이 되지 말아야 합니다. 또한 수업에서 여유, 호기심 유발, 중요한 내용의 부각이 중요하고, 수업의 열의, 속도와 흐름의 적절성, 시간 조절 등이 중요함을 알 수 있습니다. 이러한 진단 항목들을 참고하여 내가 잘하는 것과 부족한 것을 스스로 확인하고 개선하는 데 활용하기 바랍니다.

수업의 각 단계에서는 다음과 같은 진단 항목을 참고하기 바랍니다. 도입에서는 수업목표 제시와 학습동기 유발이 중요합니다. 전개에서는 수업목표에 맞는 내용 구성, 중요한 내용의 부각, 학생 참여 기회, 적절한 피드백, 다양한 교육방법의 활용이 필요합니다. 예컨대, 교수자는 말로 설명하고 얼굴과 몸짓으로 보여 주며, 학생은 손으로 써 보고 말하고 직접 해 보는 등 지루하지 않도록 수업을 운영하는 것도 필요합니다. 정리는 요약과 평가, 필요하면 과제와 차시 예고 등으로 수업을 마무리하는 것입니다.

▪ 도입-전개-정리 관련 수업 행동 진단 항목(예시) ▪

| 단계 | 수업 행동 진단 항목(예시) |
|---|---|
| 도입 | • 학습목표를 제시하고 수업 진행을 하였는가?<br>• 학습동기를 유발하는가? |
| 전개 | • 수업목표에 맞게 내용이 체계적으로 구성되었는가?<br>• 중요한 내용이 부각되었는가?<br>• 학생들이 참여할 기회를 주는가?<br>• 학생들에게 적절한 피드백을 제공하는가?<br>• 지루하지 않도록 다양한 교육방법을 활용하는가? |
| 정리 | • 요약 및 정리를 통해 마무리를 하는가?<br>• 수업목표 달성 여부를 평가하는가? |

단계별로 한 가지씩만 덧붙이고자 합니다.

**도입** 단계에서는 오늘 학습할 핵심적인 주제가 학생의 관점에서 어떤 관계가 있을지 생각하게 해 주세요. 지금 공부하는 내용은 학생에게 어떤 의미가 있을까요? 수업에서 평가, 자격시험 등 외적 기제를 동원할 수도 있고, 현업에서 활용되는 지식과 역량이라는 점을 강조할 수도 있겠습니다. 학생의 학습과 삶, 진로 등에서 연관 고리와 사례가 있을 것이며, 학습 의욕과 동기를 유발하는 데 효과적으로 작용할 것입니다.

**전개** 단계에서는 핵심적인 목표를 달성할 학생 참여 활동을 구안하고 넣어 주세요. 다양한 방법으로 수업을 진행하는 것도 좋지만 핵심적인 학습활동은 하나로도 충분합니다. 특정한 주제나 문제에 대한 팀 토의, 짝 토의도 좋고, 발표 형식과 피드백 방식에 대해서도 시간 내에 할 수 있는 방법들이 있습니다. 과하지 않은 수업 구성, 시간 내 가능한 핵심활동의 구성이 중요합니다.

**정리** 단계에서는 수업에서 가장 중요한 것을 한 번 더 확인해 주세요. 학생들도 그것을 확실히 인지했을까요? 학생들에게 '오늘 가장 기억나는 것'을 물어보셔도 좋습니다. 공통되는 것도 있고 조금 다른 것도 있을 겁니다. 모두의 답을 일일이 들어야 할까요? 확인하는 방법은 다양합니다. 그리고 하나 더, 수업 끝나기 1분 전에 질문을 받는 것을 학생들이 매우 싫어한다고 하네요!

## 교수자의 기본 자세

수업의 **기본**이 있습니다. 수업에 시작과 끝이 있는 것 못지않게 중요한, 수업에서 기본이 되는 자세에 대하여 몇 가지 살펴봅니다.[2]

- 밝은 표정으로 학생들을 정면으로 응시한다.
- 학생들과 골고루 눈을 맞추고 설명한다.
- 칠판이나 자료를 보지 않고 학생들을 바라보면서 설명한다.
- 교탁 뒤에만 있지 않고 측면으로 다가선다.
- 적절히 움직이면서 설명한다(너무 많이 움직이는 것은 좋지 않다).
- 적절한 속도와 높낮이, 강약을 활용한다.
- 천천히 정확하게 말하고, 잠시 멈추는 것도 효과적이다.
- 학생에 따라 특정 자세(기대어 서기, 주머니에 손 넣기, 팔짱 끼기 등)는 심리적인 거부감을 줄 수 있다.

언어 표현, 얼굴 표현, 몸 동작에서 수업 행동 분석의 진단 항목도 참고하기 바랍니다. 언어 외에도 비언어 측면에서도 말을 하고 있음을 주의하세요. 때로는 '입말(spoken language)'보다 '몸말(body language)'이 힘이 세다고 합니다!

**▪ 자세 관련 수업 행동 진단 항목(예시) ▪**

| 구분 | 수업 행동 진단 항목(예시) |
|------|------------------------|
| 언어 표현 | • 발음이 정확한가?<br>• 말하는 속도가 적절한가?<br>• 목소리 크기가 적절한가?<br>• 내용에 따라 목소리의 높낮이를 잘 구사하는가? |
| 얼굴 표현 | • 얼굴 표정은 부드러운가?<br>• 미소를 띠고 있는가?<br>• 모든 학습자를 골고루 둘러보는가?<br>• 학습자들에게 시선을 주고 있는가? |
| 몸 동작 | • 자세는 바른가?<br>• 몸 동작이 자연스럽고 적절한가?<br>• 긴장하지 않고 적절하게 움직이고 있는가?<br>• 긍정적인 느낌을 줄 수 있는 태도를 취하는가? |

　다음은 수업자료와 판서에 대한 것입니다. 시청각자료의 활용은 매우 중요합니다. PPT와 동영상 등 매체를 활용하는 경우가 많아지고 칠판을 활용하는 경우는 많이 줄었습니다. 판서, 즉 칠판에 쓰는 것은 체계적으로 배운 바가 없어 경험에 의존한 판서가 되기 쉽습니다. 칠판과 스크린이 병존한 강의실에 이어 스마트칠판이 보급되고 있습니다. 그렇지만 매체와 판서가 동시에 가능한 환경, 매체와 판서를 넘나드는 활용이 주의집중 면에서 효과적입니다.

- 교과서, 슬라이드, 자료를 그대로 읽지 않는다.
- 판서는 조직적으로 구성하고, 핵심 정보만 제시한다.
- 글씨는 흘려 쓰지 않고 정확하게 적절한 크기로 쓴다.
- 판서에서 적절하게 색상 변화, 밑줄과 동그라미 등으로 강조를 하되, 지나치게 다양함을 주면 오히려 집중을 방해할 수 있다.

수업자료로 활용하는 PPT의 경우, '수업의 보조자료'로 활용하는 것이 원칙이지만 최근에는 판서 대용, 교재 대용으로 활용되고 있는 것이 현실입니다. 그러나 이 경우에도 수업에서 집중과 학습이 가능하도록 방법을 고안할 것을 권합니다. 호기심을 갖게 하는 시각자료, 텍스트의 강조와 여백도 필요하고, 중요한 단어는 빈칸으로 제공하여 스스로 답을 써 보게 하는 것도 가능할 것 같습니다.

매체와 시청각자료의 활용에 대한 진단 항목도 참고하기 바랍니다. PPT 자료와 동영상 컨텐츠를 제작하는 방법에 대해 대학의 CTL에서 교수자 대상의 특강을 제공하는 경우도 많으니 수강하여 더욱 좋은 자료를 제작할 수 있기를 바랍니다. 매체 제작과 디자인 감각이 뛰어난 대학생들에게 거꾸로 배울 수도 있는데, 교수와 학생의 1:1 튜터링도 좋은 것 같습니다. 저도 몇 년 전에 그렇게 배워서 잘 사용했답니다. 이제는 날로 새로워지는 에듀테크를 그렇게 배워야 할 것 같네요.

■ 매체와 시청각자료 관련 수업 행동 진단 항목(예시) ■

| 구분 | 수업 행동 진단 항목(예시) |
|---|---|
| 매체의 활용 | • 멀티미디어 자료가 효과적으로 제작되었는가?<br>• 멀티미디어 자료 및 교구를 적절히 활용하는가?<br>• 칠판을 적절하게 활용하는가? |
| 시청각자료의 활용 | • 시각적으로 보기 좋은가?<br>• 자료의 수준은 적합한가?<br>• 내용을 중복하지 않고 보충 혹은 심화하는가? |

교수자의 기본 자세와 관련하여, 교과서에 나오지 않는 것 한 가지를 덧붙이고 싶습니다. 준비 없이 수업에 들어가는 교수자는 없습니다. 수업에 대해 오래 구상하고, 많은 자료를 준비하여 들어가지요. 이렇게 열심히 준비하는 교수자의 외형적인 모습도 중요할 것 같습니다. 제 주위에는 반드시 세련된 정장을 차려 입고 강의실에 들어가는 교수가 있습니다. '복장을 갖춘 교수자의 모습' 어떤가요? '수업이 중요하다'는 강력한 메시지를 준답니다. 교수자가 수업에 대해 열과 성을 다한다는 것, 여러 가지 장면과 장치를 통해 학생들은 인식하고 있습니다.

## TIP 좋은 시각자료(PPT)의 조건[3]

1. 명확해야 한다. 전달하려는 의미를 잘 나타내도록 하기 위해서는 내용을 한눈에 알아볼 수 있도록 명확하게 제시해야 한다.
2. 간단하고 간결해야 한다. 너무 자세하거나 복잡하지 않도록 내용을 구성하고, 한 화면에 가로 7단어, 세로 7행(7×7) 이상 담지 않는 것이 좋다.
3. 정확해야 한다. 전달하고자 하는 내용을 명확하게 제시하고, 특히 도표나 그래프일 경우에는 숫자, 단위 등이 정확해야 한다.
4. 쉽게 알아볼 수 있어야 한다. 제목, 내용, 그림 등이 눈에 쉽게 들어오고, 특히 글자체, 글씨 크기 및 색깔에도 관심을 기울여야 한다.
5. 정렬은 용도에 맞도록 사용한다. 왼쪽 정렬은 쉽고 빨리 읽도록 할 때, 오른쪽 정렬은 특별히 주의를 끌고자 할 때, 가운데 정렬은 제목이나 부제목에 적당하다.
6. 한 가지 아이디어만 전달한다. 중요 포인트는 한번에 한 가지씩만 제시한다. 두 가지 이상의 아이디어를 제시할 경우 다소 혼란스러울 수 있다.
7. 연관성이 있어야 한다. 전달하고자 하는 내용과 관련하여 이 시각자료를 제시하는 이유를 보는 사람이 알 수 있어야 한다.
8. 재미있어야 한다. 청중의 주의를 집중시키고 지속시키기 위해서는 간혹 그림, 만화, 플래시, 동영상 등을 활용하는 것이 좋다.

## 설명 중심 수업에서 효과적인 기술

대학에서는 설명의 방식이 주가 되는 수업이 많이 이루어집니다. 강의식 수업이라고 주로 말하는데, 이것은 사실 동어 반복입니다. 대학 수업을 '대학 강의'라고도 하는데, 그렇다면 '강의식 강의'인 거죠. 교육학에서도 이를 여러 용어로 사용하는데, 여기에서는 '설명 중심 수업'이라고 하겠습니다. 그리고 이와 대비되는 수업은 '참여 중심 수업'으로 통칭할 수 있습니다.

**설명 중심 수업**은 전달식 수업, 강의식 수업, 직접 교수법, 교수자 중심 수업 등으로도 불리며 오랫동안 이어져 온 방식입니다. 설명 중심 수업은 짧은 시간에 많은 정보를 전달하거나 수행절차를 가르치는 데 효율적입니다. 저는 팀 학습을 주로 하는 교수자이지만, 당연히 설명을 합니다! 다만, '설명만 하는 수업'은 지양하며, 설명을 하는 경우 효과적인 방법이 무엇일지 많이 고민합니다.

가네(Gagné)는 학습자의 내적 학습과정과 외적 학습조건(**수업 사상**, instructional events)을 다음과 같이 제시하였습니다. 단계별로 어떠한 활동이 필요하고, 학습자로 하여금 기대하는 바가 무엇인지 확인하고 참고할 수 있습니다. 설명 중심 수업에 적합하며, 최근 활발한 참여 중심 수업에는 적절하지 않은 점이 있습니다.

| 단계 | 수업과정(교수자) | 학습과정(학습자) |
|---|---|---|
| 도입 | 1. 주의집중<br>2. 목표 제시<br>3. 선행학습 상기 | 1. 주의<br>2. 기대<br>3. 작동기억으로서의 재생 |
| 전개 | 4. 학습자료 제시<br>5. 학습 안내 및 지도<br>6. 연습<br>7. 피드백 제공 | 4. 선택적 지각<br>5. 의미론적 약호화<br>6. 인출과 반응<br>7. 강화 |
| 정리 | 8. 형성평가<br>9. 파지 및 전이의 고양 | 8. 단서에 의한 인출<br>9. 일반화 |

대학의 강의식 수업(lecturing)에서 효과적인 방법에 대한 연구[5]에서는 강의식 수업을 "교수자가 학습자에게 학습내용을 자신의 언어로 직접 전달하는 교수방법"이라고 하였습니다. 개념 설명, 사례 제시, 예제 풀이 등 교수자가 주로 말로 수업을 진행하는 방식입니다. 매우 오래된 교육방법으로 오늘날에도 교양과목과 대규모 강의에서 많이 사용되는 방식입니다. 학문 분야에 따라서는 이 방법이 필요하고 효과적인 경우도 있습니다. 대학 교수자는 관련자나 대중을 상대로 일회성 특강을 할 때 이 방식을 사용하는 경우도 있어 이 기술은 중요합니다.

**강의식 수업**에서 효율적인 교수행동은 지식 측면에서 전문성, 명료성, 관련성, 조직화, 공정성이, 기술 측면에서 상호작용, 화술, 리더십, 유머감각, 속도, 태도 측면에서 열정, 유대감, 학습 중심, 융통성이 중요한 요인으로 설명되고 있습니다. 교수와 학생이 지각하는 효율적인 교수행동 요인은 전문성이 가장 우선시되었고, 명료성, 관련성 등의 지식 요인이 높게 나타났으며, 특히 학생들은 유머감각을 중시하는 것으로 나타났습니다. 설명 중심 수업을 하는 교수자는 전문성과 함께 유머감각의 장착을 위해 노력해야 하는 쉽지 않은 숙제가 있네요!

설명 중심 수업은 '**직접 교수법**'이라는 용어로도 사용됩니다. 교육방법을 연구하는 강원대학교 길양숙 교수는 직접 교수법에서 효율적인 교수행동을 단계별로 다음과 같이 정리하였습니다. 구체적인 행동들을 하나씩 읽어 보면서 참고해 볼 수 있겠습니다.

■ 직접 교수법에서 효율적인 교수행동[6] ■

| 단계 | 직접 교수법에서 효율적인 교수행동 |
|---|---|
| 도입 | • 선수학습내용을 개관함으로써 수업을 시작한다.<br>• 본시 주제를 알리고 흥미를 북돋는 활동을 한다.<br>• 수업목표를 언급한다.<br>• 선행조직자가 도움이 될 경우, 이를 제시한다.<br>• 수업절차를 개관함으로써 수업의 과정을 예측하게 한다. |

| 단계 | 직접 교수법에서 효율적인 교수행동 |
|------|------------------------------------|
| 전개 | • 개념, 원리, 절차를 설명한다.<br>• 이해에 도움이 될 예, 시범, 그림, 동영상 자료를 제시한다.<br>• 연습의 기회를 제공하고, 학습 여부를 확인한다.<br>• 질문을 통해 학생의 참여를 증진하고, 이해 여부를 확인한다.<br>• 복잡한 내용은 작은 단계로 나누어 내용 설명-예-연습을 반복한다.<br>• 독립적인 연습을 위하여 과제를 제시한다. |
| 정리 | • 중요 내용을 자세히 요약하여 복습이 되도록 한다.<br>• 수업목표 달성 여부를 평가한다. |

이러한 수업행동들을 제대로 적절히 한다면 설명 중심 수업이라 하더라도 효과를 발휘할 수 있습니다. 길양숙 교수는 2010년대 초반 한 대학 수업에 대한 연구에서 설명 중심 수업이 80% 이상이었고, 이러한 설명 중심 수업에서 효율적인 교수행동은 절반이 되지 않았다고 분석했습니다.[7] 설명 중심 수업이 많은 것보다, 효율적으로 이루어지는 설명 중심 수업이 별로 없다는 점이 아쉽습니다.

한 대학의 수업방법과 교수행동의 특징은 '교수 중심, 내용 중심, 진도 확보'로 분석되었습니다. 학생의 참여를 최소화하는 행동들, 예컨대 질문의 부재, 설명 중심의 수업, 자문자답, 학습 여부의 모니터링 부재 등은 '교수 중심'의 수업으로 특징짓게 하는 교수행동입니다. 조별 과제를 위해 발표를 하는 경우를 제외하면, 학생은 수동적으로 듣는 역할에 치우치고, 교수가 일방적으로 질문을 하고, 설명하고, 학습활동을 주도하는 점이 우세합니다. 수업은 '진도 나가기'의 의미가 크며, 제대로 배웠는지는 확인하기 어렵습니다. 지금은 어떨까요?

방법만이 중요한 것은 아닙니다. 그러나 제대로 익히고 경험하고 남으려면 설명 중심 수업을 하더라도 효과적인 방법들을 적용하고, 참여 중심 수업의 비중도 높일 필요가 있습니다.

**설명 중심 수업**, 결코 쉽지 않습니다. 수업 준비에도 적지 않은 시간이 듭니다. 그러나 교수자만 떠드는 수업, 교수자만 공부하는 수업은 되지 말아야겠지요. 교수자가 설명하는 동안 학생의 학습이 이루어지기 위해서, 학생들이 해야 할 일을 반드시 구상해 보기 바랍니다. 따라 하기, 받아 적기, 빈칸 쓰기, 생각하기, 예제 풀기 등 학습자의 참여를 촉진하는 장치를 넣을 수 있습니다. PPT를 판서 대용으로 활용하는 것은 추천하지 않지만, 그렇게 활용하는 경우 학생이 써서 채울 부분도 넣어 주세요.

수업 중에 완벽한 설명, 그리고 설명만으로 완전학습의 도달은 불가능합니다. 팀기반학습, 플립러닝 등과 같이 사전학습에 기반한 수업을 추천합니다(6장 참고). 결론은 결국 **학생 참여 학습**, 그리고 **팀 학습**이네요!

## 질문이 있는 수업

질문이 있는 수업은 이상적인 수업입니다.

**질문**과 **대답**이 있는 수업은 어떻게 가능할까요?

질문과 관련하여 다음과 같은 수업 유형을 생각해 볼 수 있습니다.

■ 질문과 대답의 주체에 따른 수업 유형 분류 ■

1. 교수자가 질문하고 교수자가 대답하는 수업
2. 교수자가 질문하고 학습자가 대답하는 수업
3. 학습자가 질문하고 교수자가 대답하는 수업
4. 학습자가 질문하고 학습자가 대답하는 수업

| 학습자<br>〈대답〉 | 2 | 4 |
|---|---|---|
| 교수자 | 1 | 3 |

교수자　〈질문〉　학습자

어떤 수업이 가장 좋은 수업일까요?

과연 가능할까 싶지만 4 유형의 수업이 대단히 이상적인 수업으로 보입니다. 그렇지만 현실은 '교수자도 학습자도 질문하지 않는 수업'인가요? '교수자가 질문하지만 대답이 없는 수업'

일지도 모르겠습니다. 교수자들의 고민은 '질문을 해도 학생들이 대답하지 않아요.' '학생들이 질문하지 않아요.' '질문을 주고받을 시간이 없어요.'일 것 같습니다.

**질문**은 '궁금함'을 의미하며, 궁금함이 있다는 것은 분명 학습이 일어나고 있다는 증거입니다. 또한 질문을 주고받을 수 있다는 것은 수업 중 의사소통이 원활하다는 증거가 됩니다. **대답**(answer)은 정답(correct answer)이 아닙니다. 그러나 질문에 대해 '정답'을 말해야 한다는 부담감은 누구에게나 있으며, 틀릴수도 있는 말을 용기 있게 하기란 쉽지 않은 것이 사실입니다.

교수자가 질문을 하는 수업, 학습자가 질문을 하는 수업을 나누어 생각해 봅시다.

교수자의 질문에서 가장 중요한 것은 '**좋은 질문**'입니다. 질문이 있는 수업보다, 정확히 표현하면 '좋은 질문이 있는 수업'이 필요합니다. 좋은 질문을 해야 대답을 끌어낼 수 있겠지요. 그다음으로 중요한 것은 '질문에 대답을 하도록 하는 방식'입니다. 그리고 중요한 것은 '대답에 대한 반응'이겠지요.

질문과 질문 후 행동에 있어서 참고할 만한 것들입니다.[8]

1. 가능하면 사고를 촉진하는 확장형, 개방형 질문을 사용한다.
   • 사고와 경험을 활성화하고 주의집중, 학습연계를 유도하는 질문을 한다.

2. 학습자를 방어적으로 만드는 질문은 하지 않는다.
   • 학습자의 대답은 존중되고 평가되지 않는다는 점을 주지시킨다.

3. 질문에 대한 학습자에의 반응을 존중한다.
   • 학습자의 답변을 간략히 요약하거나 칠판에 적는다.
   • 긍정적인 대답에 대해서는 고개를 끄덕이면서 칭찬한다.
   • 대답이 적절하지 않더라도 무엇을 근거로 하였는지 분명히 한다.

특히 '**침묵**'을 두려워하지 말라는 말씀도 드리고 싶습니다. 질문을 받는 순간, 학생들은 소리를 내지 않더라고 머릿속은 활발하게 움직이고 있습니다. 그것만으로도 학습은 일어나고 있습니다. 대답이 없어도 의연할 수 있겠지요?

블룸의 **교육목표 분류**를 활용한 질문의 예시를 소개합니다. 자료에 대한 질문으로 전체 학생에게, 팀에게, 개별 학생에게 할 수 있는 질문입니다.

| 구분 | 내용 | 질문 예시 |
|---|---|---|
| 기억하기 | 자료를 읽으면서 배운 정보들을 열거하는 단계 | • 사례에서 소개한 주요 개념은 무엇인가?<br>• 주요 사건은 무엇이며, 그 사건은 언제 일어났는가? |
| 이해하기 | 자료의 주요 내용에 대해 이해한 것을 작성하는 단계 | • 제시된 세 가지 사건의 인과관계는 무엇인가?<br>• 해당 내용에서 문제는 어떻게 해결되었는가? |
| 적용하기 | 필요한 경우 자료에서 제시된 것을 적용해 보는 단계 | • 만약 당신이 그 입장이라면 어떻게 행동할 것인가?<br>• 만약 조건이 ~한 상태로 다르다면 어떠한 결과가 제시되었을까? |
| 분석하기 | 자료의 내용을 분석하는 단계 | • 해당 내용의 공통점과 차이점은 무엇인가?<br>• 각 자료가 제시한 내용을 종합하면 어떻게 요약할 수 있는가? |
| 평가하기 | 자료의 내용을 평가하는 단계 | • 이 자료가 갖는 시사점은 무엇인가?<br>• 현재 제시된 결론의 강점과 제한점은 무엇인가? |
| 창조하기 | 자료에 없는 부분을 창작해 보는 단계 | • 현재 제시된 결론 이외에 다른 대안을 제시한다면 어떠한 의견을 제시할 수 있는가?<br>• 자료를 보완하기 위해 어떤 부분을 어떻게 추가할 수 있는가? |

질문의 효과는 무엇일까요?

학습자들의 참여를 촉진시키고, 생리적으로 뇌를 활성화하고 학습을 촉진시키며, 관점을 변화시키거나 다양한 관점을 갖게 하고, 아직 존재하지 않는 아이디어와 통찰력을 갖게 합니다.[10] 무엇보다 수업에 긴장감을 주고 집중하게 만듭니다. 비록 자문자

답이라 할지라도 설명 중심 수업에서 질문은 좋은 방법입니다.

학습자가 질문하는 수업은 어떻게 가능할까요? 수업의 마지막에, 또는 수업 이후에 개별적으로 질문을 하는 학생들도 있습니다. 기왕이면 수업 중에 질문이 제기되고 다루어지면 좋겠지요.

먼저, '질문을 할 수 있는 분위기'가 중요합니다. 허용적이고 개방적인 분위기와 수업 문화의 영향을 받을 겁니다. 그리고 질문에 대해 존중받을 수 있을 것이라는 기대와 확신도 필요하지요.

수업 중에 공개적으로 질문을 받으려면 어떻게 해야 할까요?

수업이 끝날 때 "질문 있나요?"라고 물으면 학생들은 질문할까요? 안 합니다. 마지막에 나가야 하는데 시간을 잡아먹기 때문이지요. 50분에 마치니까 45분에 물어보면 어떨까요? 그리고 50분까지 항상 기다리고 있으면, 학생들은 질문할 겁니다.

수업 도중에 묻는 것은 어떨까요? 수업이 시작되고 20분 정도 되었을 때 "여기까지 질문 있나요?"라고 질문하고 물도 한잔 마시면서 3분 정도 늘 질문을 기다린다면, 학생들은 질문할 겁니다. 일관성과 규칙성도 중요합니다.

그런데 이런 생각도 듭니다. 학생들이 꼭 수업시간에 질문을 해야 할까요? 질문은 좋지만 너무 많은 질문으로 진도를 나가지 못할 수도 있고, 개별적인 궁금증도 있을 수 있습니다. 그리고 너무나 이상적이지만, 완벽한 수업으로 질문이 없을 수도 있지요!

수업 전, 그리고 수업 후 학생들의 질문은 LMS나 개인 연락을 통해서도 해결할 수도 있습니다. 저는 사전학습 기반 수업을 하는 경우, 수업 전날까지 LMS 덧글로 사전학습의 주요 내용을 간단히 요약하고, 질문이 있으면 함께 올리라고 합니다. 질문을 의무화하지는 않는데, 질문을 위한 질문을 하는 경우도 있기 때문입니다. 공부한 내용에 대한 질문을 한 학기에 한 번 이상 횟수를 정해서 올리도록 하는 경우도 있으니, 다양한 방식을 참고하기 바랍니다.

앞에서 가장 이상적이라고 한 '학습자가 질문하고 학습자가 대답하는 수업'은 과연 가능할까요? 수업시간에 용기를 북돋아 학생의 질문과 대답이 오가도록 할 수도 있고, LMS 내에서 학생들이 서로 질문하고 대답하는 경우도 가능합니다. 학기 중 1회 이상 질문하기와 같이 1회 이상 대답하기를 제안한다면, 이러한 방식도 용기를 내게 하는 데 도움이 될 수 있습니다.

## 학생들과의 관계

수업은 '상호작용'입니다. 수업 중에 이루어지는 '관계 맺기'는 수업의 양상에 큰 영향을 줍니다.

학습자와의 관계를 진단하는 수업 행동 진단 항목을 보면, 외적인 행동으로 보이는 것들을 안내하고 있습니다. 질문, 의견 존중, 참여 기회, 칭찬, 격려 등이지요.

■ 학습자 관계 관련 수업 행동 진단 항목(예시) ■

| 구분 | 수업 행동 진단 항목(예시) |
|---|---|
| 학습자들과의 관계 | • 질문을 주고받는가?<br>• 학습자의 의견을 존중해 주는가?<br>• 학습자에게 참여할 기회를 주는가?<br>• 학습자가 잘했을 때 칭찬해 주는가?<br>• 학습자가 잘못했을 때 격려해 주는가? |

**학생과의 관계**는 학생들이 안심하고 학습할 수 있는 분위기를 마련하는 것이 중요합니다. 사실, 교수자와 학습자의 관계는 수업에 있어서 수직적인 관계로 인식되며, 학점을 부여하기에 권력을 가진 존재로 비춰지는 부분도 있습니다. 그러나 학생의 학습을 위해 수업이 존재하고 교수자가 필요한 것이며, 상호 협력 속에서 목표를 달성할 수 있습니다.

수업에서 보이는 외현적인 '행동'을 제시하였지만, 교수자의 마음과 태도는 수업 중에 고스란히 전달됩니다. 학생들을 인격적으로 존중하고 대우하는 것이 중요합니다. 학생을 인격체로 소중하게 대하시나요? 그것으로 충분합니다.

대학에서 처음 수업을 하게 된 제자가 당황하면서 전하는 이야기입니다. 시험을 본 후 팀 활동을 하는데 한 학생이 말도 없이 사라진 것을 확인하게 되었답니다. 괘씸한 마음이 듭니다.

교실을 무단으로 이탈한 것을 교수자가 모른다고 생각한 걸까요? 마음을 진정시키고, 다음 수업의 쉬는 시간에 따로 불러서 물어보면 어떨까요? "지난 시간에 말없이 나갔는데 무슨 일이 있었나요?" 불가피한 사정이 있을 수도 있고, 없을 수도 있고, 거짓말을 할 수도 있습니다. 듣고 나서 판단해도 늦지 않습니다. 일단은 판단 유보. 학생은 무엇이라고 답했을까요? 학생과의 소통과 상담의 기법은 전문적인 영역으로 넘깁니다.

수업 중에 계획한 것이 잘 안 되거나, 문제를 잘못 냈거나, 예상 시간을 초과했거나 하는 경우가 있을 수 있습니다. "미안합니다."라고 사과해도 됩니다. 학생들은 이해합니다. 인간적인 수업, 인간적인 교수자는 수업에서 매우 큰 강점입니다. 저는 학기 마지막 수업 시간에 종합적으로 사과합니다. "이런 생각으로 수업을 계획했는데 이 부분은 잘된 것 같지만 이 부분은 잘 안 된 것 같아요. 이런 이유가 있었고, 내 불찰입니다." 변명이 아니라면, 학생들은 솔직한 사과에 공감해 줍니다.

이제 다시, 노력하면 되는 '행동'을 살펴볼까요? 학생들의 동기도 중요합니다. 어떻게 하면 **학습동기**를 이끌어 낼 수 있을까요? 정답은 없지만 참고할 만한 이론은 있습니다.

고전적인 이론 중에 켈러(Keller)의 **ARCS 모형**을 소개합니다. ARCS는 주의집중(Attention), 관련성(Relevance), 자신감(Confidence), 만족감(Satisfaction)의 첫 글자를 조합한 것입니다.

학습자가 능동적으로 수업에 참여할 수 있도록 동기를 유발하는 수업전략입니다. 학습자가 학습자극에 대해 주의를 기울이고, 학습목표와 자신의 관련성을 인식하도록 하며, 학습목표에 대해 자신감을 갖게 하고, 학습자가 노력의 결과에 만족하도록 하는 것이 중요합니다. 주의집중, 관련성, 자신감, 만족감을 증진하는 전략들을 살펴보고 참고하기 바랍니다.

■ ARCS 모형의 구성요소[11] ■

| 요인 | 세부 전략 | 적용 예시 |
|------|----------|-----------|
| 주의 집중 (A) | 지각적 주의 환기 | • 수업을 할 때 시각적 보조자료를 활용한다.<br>• 중요한 내용에 밑줄을 친다. |
| | 탐구적 주의 환기 | • 문제 해결을 위한 학습자의 능동적 반응을 유도한다.<br>• 지적 갈등을 유발하여 호기심을 자극한다. |
| | 다양성 주의 환기 | • 수업방법을 다양하게 적용해 본다.<br>• 수업내용의 계열에 변화를 줘서 운영한다. |
| 관련성 (R) | 친밀성 | • 익숙한 사건이나 친밀한 예문 및 배경지식을 활용한다.<br>• 학습자들에게 친밀한 개념과 현재 과제를 연결시킨다. |
| | 목적 지향 | • 자격증 획득과 같은 학습목표를 제시한다.<br>• 수업의 내용과 학습자의 목적이 관련되어 있음을 강조한다. |
| | 필요나 동기화의 부합성 | • 학습자들의 성취 과정과 관련된 감정들을 시각화하도록 한다.<br>• 학습자들끼리 혹은 스스로에 대해 경쟁하는 요소를 포함한다. |

제4장 대학 수업의 운영: 좋은 수업의 기술

| 요인 | 세부 전략 | 적용 예시 |
|---|---|---|
| 자신감 (C) | 학습의 필요조건 제시 | • 평가 기준 및 피드백을 제시해서 숙달 수준을 알려 준다.<br>• 학습평가에 필요한 요건이 무엇인지 제공해 준다. |
| | 성공의 기회 제시 | • 단순한 과제에서 어려운 과제로 계열화한다.<br>• 연습 문제에 대한 해답과 즉각적인 피드백을 제공한다. |
| | 개인적 조절감 증대 | • 다양한 난이도를 제공해서 선택할 수 있도록 한다.<br>• 학습속도에 맞게 학습할 수 있도록 기회를 제공한다. |
| 만족감 (S) | 적용 기회의 제공 | • 학습한 내용을 적용할 수 있는 기회를 제공한다.<br>• 과제를 숙달한 학습자가 학습이 미진한 동료를 돕도록 한다. |
| | 긍정적 결과의 강조 | • 정확한 반응에 대해 칭찬하는 말을 한다.<br>• 새로운 기능을 숙달하기 위해 노력할 때 강화를 사용한다. |
| | 공정성 전략 | • 수업에서 실습한 내용과 시험 내용을 일치하게 한다.<br>• 평가 문항과 교재의 내용을 일치하게 한다. |

일주일에 한 번 또는 두 번, 주당 3시간, 한 학기 총 45시간 정도 수업에서 학생들을 만납니다. 학생 수는 적지 않고, 전공 수업은 여러 번 만날 수도 있지만, 교양 수업이나 교직 수업은 대부분 한 학기 만나고 공식적인 만남은 종료됩니다. 성인인 대학생들과 어느 정도의 관계를 맺어야 하는지 고민되기도 합니다. 수업시간 외에 연락하거나 상담하는 등 관계를 맺는 경우도 있고, 이것이 수업에 도움을 주기도 합니다.

그러나 수업시간 안에서 맺는 존중과 배려의 관계와 소통만으로도 충분합니다. 동시에 여러 수업을 수강하는 대학생들에게 중요한 것은 관계의 양보다 질이며, 수업 중 보이는 모습에서 충분히 전달되기 때문에 오히려 수업에 집중하라고 말씀드리고 싶습니다. 수업에 늦지 않고 미리 도착해서 기기를 점검하고 준비하는 모습, 쉬는 시간과 수업이 끝난 후 찾아오는 학생을 친절하게 대응하는 모습 등이 모두 있는 그대로 학생들에게 전해지고 관계에 영향을 미치게 됩니다.

수업 이외에 개인적인 연락과 질의 등 학습자와 1:1 관계에 있어서 교수자가 정성을 다하는 것은 당연하겠지요? 그리고 학생들 간의 관계, 예컨대 수업에서 팀 활동이 있다면 팀 구성원 간의 관계 형성이 잘 되도록 교수자가 다양한 지원을 하는 것도 중요합니다. 관계 속에서 수업이 이루어집니다! 관계가 좋으면 수업도 좋다!

좋은 수업을 위한 기본적인 그리고 중요한 것들을 살펴보았습니다. 기본만 잘 지켜도 좋은 수업입니다!

- 좋은 수업에 대한 대학생들의 인식을 살펴봅니다.

  한 대학교 학생들의 자율적 서술형 강의평가의 내용 분석 결과입니다.

 **좋은 수업에 대한 대학생들의 인식**[12]

| 상위영역 | 하위영역 | 하위요소 | 빈도 | 케이스 퍼센트 |
|---|---|---|---|---|
| 교수자 | 개인특성 | 수업에 대한 열의 및 열정 | 46 | 7.4 |
| | | 학생에 대한 이해와 관심 | 16 | 2.6 |
| | | 교수자에 대한 높은 호감도 | 9 | 1.5 |
| | | 탁월한 전공지식과 전문성 | 5 | 0.8 |
| | | 온정적 태도(예: 격려, 배려 많음) | 23 | 3.7 |
| | 교수능력 | 우수한 설명력(예: 쉽고 꼼꼼하게, 예시와 유머 활용) | 83 | 13.4 |
| | | 철저한 수업 준비 | 18 | 2.9 |
| | | 좋은 강의력 | 35 | 5.7 |
| 수업 운영 | 동기유발 | 동기부여(자존감 및 자신감 향상, 용기 부여, 재능 인정) | 20 | 3.7 |
| | | 지적 자극과 호기심 유발 | 47 | 3.2 |
| | | 선택과 자율성 부여 | 5 | 0.8 |
| | | 학생의 의견 존중 및 요구 반영 | 9 | 1.5 |
| | 수업내용 | 명료한 수업내용 | 9 | 1.5 |
| | | 다른 수업내용과의 연계성 | 4 | 0.6 |
| | | 체계적인 수업내용 | 18 | 2.9 |
| | | 최신의 다양한 수업내용 | 21 | 3.4 |
| | 수업진행 | 학생참여 유도(예: 토론, 발표, 팀 활동) | 65 | 10.5 |
| | | 다양한 수업매체 활용 | 4 | 0.6 |
| | | 학습 유도(예: 주의집중이나 학습을 위한 시간부여) | 12 | 1.9 |
| | | 사고촉진 질문 | 8 | 1.3 |

참고하세요!

| 상위영역 | 하위영역 | 하위요소 | 빈도 | 케이스<br>퍼센트 |
|---|---|---|---|---|
| 수업<br>운영 | 수업진행 | 수업 운영규칙 준수(예: 수업시간 준수,<br>강의계획대로 진행) | 8 | 1.3 |
| | | 원활한 의사소통 및 상호작용 | 45 | 7.3 |
| | | 개방적·수평적·비권위적 수업 분위기<br>조성 | 14 | 2.3 |
| | 과제 및<br>평가 | 공정하고 객관적인 평가 | 14 | 2.3 |
| | | (시험, 과제, 발표 등에) 적절한 피드백 | 14 | 2.3 |
| | | 적절한 과제 제시 | 17 | 2.8 |
| 수업<br>의미 | 인지적<br>가치 | 지식 습득(예: 많이 배운, 대학 수업다운<br>지식을 습득) | 120 | 19.4 |
| | | 지식의 심화 | 50 | 8.1 |
| | | 지식의 효용성(예: 진로, 진학 등에 실무<br>적·실용적 도움) | 77 | 12.5 |
| | | 사고의 성장(예: 사고의 전환, 확대, 다양<br>한 사고 기회 제공) | 51 | 8.3 |
| | 정의적<br>가치 | (자신, 삶, 사회, 세상에 대한) 폭넓은 이해 | 41 | 6.6 |
| | | 수업에 대한 정서적 만족 | 55 | 8.9 |
| 기타 | | 기타 의견 | 21 | 3.4 |
| 합계 | | | 984 | 159.2 |

제5장

# 대학 수업의
# 평가와 성찰

대학원 석사를 마치고 교사로 임용되어 처음 중간고사 문제를 출제했던 때를 잊을 수 없습니다. 문항을 고심하여 제작하고, 내용과 행동을 연결하는 '이원목적분류표'라는 것을 작성하고, 오류가 없는지 동료들과 여러 번 검토하는 과정을 거치면서 평가라는 것이 이렇게 엄격한 것이구나 하고 비로소 파악했습니다.

'수행평가'라는 것을 학교 다닐 때는 받아 본 적이 없는데 해 보라고 하니 어렵게 느껴지면서도 제대로 평가할 수 있겠구나 하는 생각도 들었습니다.

교사교육을 받은 사람도 이런데, 대학 교수자들은 어떨까요?

학창 시절에 받은 수업방식과 평가방식이 전부일 수 있습니다.

문항과 과제 출제에 대한 별다른 학습 기회 없이 경험적으로 하게 됩니다.

평가라고 하면 객관식 시험과 주관식 시험만이 떠오르는 것도 당연합니다.

대학생들은 학창 시절에 다양한 수업과 평가를 경험하고 대학에 진학합니다.

시대가 바뀌었고, 앞으로도 바뀔 겁니다.

2장에서 살펴본 교육평가에 대한 전반적인 이해에 이어,

평가 계획과 운영에 활용할 수 있는 구체적 방법들을 살펴보고자 합니다.

## 평가에 대해 먼저 생각할 것들

대학 수업의 평가에 있어서 먼저 생각할 것들입니다.
다음과 같은 말씀을 드리고 시작합니다.

- 평가는 '시험'이 아니다.
- 평가는 '학점'을 주는 것이 아니다.
- 평가는 수업의 목표, 내용, 방법과 연계되어야 한다.
- 평가의 다양한 기법을 알고 활용한다.
- 평가는 활용되어야 한다.

 ● 평가는 '시험'이 아니다.

평가가 곧 **시험**이라고 생각하기 쉽습니다. 평가의 가장 대표적인 방법, 익숙한 방법이 시험이지, 평가가 시험만을 의미하는 것은 아닙니다. 문항에 응답하는 전통적인 지필평가 외에도 다양한 자료와 방법을 통해 평가가 이루어집니다. 학습의 결과 외에도 과정에 해당하는 것도 평가할 수 있으며 더욱 권장되고 있습니다.

●평가는 '학점'을 주는 것이 아니다.

한 학기 수업의 **학점**을 부여하는 것이 평가라고 생각하기 쉽습니다. 그러나 평가는 학점을 주는 것 이상의 의미를 가집니다. 좋은 과제는 학생을 성장시키고 동시에 평가의 자료로 기능합니다. 평가는 그 자체가 학습의 과정이 될 수 있고, 결과적으로 어떤 학점을 받았는가 보다 학습목표를 달성했는가, 무엇을 배웠는가가 중요합니다.

●평가는 수업의 목표, 내용, 방법과 연계되어야 한다.

수업의 목표와 성격에 맞는 평가 방법과 전략이 필요합니다. 설명 중심 수업에 적합한 평가와 프로젝트 중심의 수업에 적합한 평가는 다릅니다. 실습과 실기가 중심이 되는 수업에서의 평가는 또 다르겠지요. 수업에서 **목표**, **내용**, **방법**과 정렬되는 **평가**, 즉 타당하고 적합한 평가가 필요합니다.

●평가의 다양한 기법을 알고 활용한다.

평가는 교수자만 하는 것이 아닙니다. 학생들과 전문가를 평가에 참여시키면 어떨까요? 학생 상호 평가와 자기평가는 학습과 성취 수준을 비교하고 점검할 수 있습니다. 전문가 평가는 교수자 평가와 함께 평가의 객관도를 높일 수 있고 피드백의 기능도 합니다. 시험 외에 다양한 평가방법들을 알면 필요할 때 적절하게 활용할 수 있습니다. 물론 시험 문항도 제대로 출제하고 채점할 수 있어야 하겠지요?

●평가는 활용되어야 한다.

평가는 학습자를 진단하거나 수업의 내용과 방법을 적절히 변화하는 기능도 있습니다. 적절한 과제를 제시하고, 과제의 난이도를 조절하기도 합니다. 학생들에게는 학습에 대한 정보를 주고 적절한 피드백이 제공되어야 합니다. 활용되는 평가가 필요합니다. 활용되지 않는 평가는 할 필요가 없습니다.

## 좋은 평가를 위한 평가 계획

평가에 대해 학생들은 어떤 생각을 가지고 있을까요?

학생들이 강의계획서에서 수업을 어떻게 운영하는지, 평가를 어떻게 하는지 주의 깊게 살펴봅니다. 평가에 대한 관심은 대단히 큽니다.

수업 전에 학생들이 갖는 궁금증은 평가가 어떻게 이루어지는지, 평가기준이 무엇인지, 노력한 만큼 성적을 받을 수 있는지 등입니다. 구체적인 평가방법과 평가기준은 교수자가 사전에 정확하게 제시하면 되겠지요. 더불어 평가에 포함되는 과제들에 대해 학생들의 의견을 묻고 적절한 의견은 반영하는 것도 평가에 대한 수용성을 높일 수 있습니다.

노력한 만큼 성적을 받을 수 있는가는 대부분의 대학에서 상대평가를 원칙으로 하고 있어서 교수자가 전적으로 통제하기는 어렵습니다. 학생들은 다른 학생과 상대적인 비교를 하게 되는데, 평가의 공정성과 객관성에 대해 불만을 갖게 되기도 합니다. 특히 '팀플'이라고 불리는 팀 활동이 있는 수업에서는 자신의 기여만큼 성적을 받을 수 있는지가 중요합니다.

평가에 포함되는 과제의 양이 너무 많거나 해결하기 어려운 경우, 제출한 과제에 대한 채점 결과나 정성적인 평가 의견을 받지 못하는 경우, 최종적인 학점 외에 아무런 정보를 받지 못하는 경우, 학점에 납득할 수 없는 경우에도 불만을 가질 수 있습니다.

결과적으로 A+ 학점을 받으면 좋은 수업일까요? 교육적으로 바람직하고 효과적인 평가과제, 납득할 만한 평가 기준과 결과라면 어떤 학점이든 학생들은 수용할 수 있을 것 같습니다.

**좋은 평가**는 어떤 평가일까요?

원론적으로 정리해 보면, 절차가 공정하고, 상황에 적합하며, 과정이 명확하고, 결과가 유용하며, 체계적으로 이루어지는 평가입니다.[1] **공정한 평가**는 평가가 개인의 주관이나 감정, 독특한 상황이나 외부 압력이 개입되지 않고 순수하게 객관적으로 이루어지는 평가입니다. **적합한 평가**는 평가가 상황과 목적에 맞게 이루어지되 가급적 제한된 평가 자원을 제대로 활용하여 큰 효과를 내는 평가입니다. **명확한 평가**는 평가가 공식적으로 이루어지고 평가의 과정과 결과가 투명하게 공개될 수 있는 평가입니다. **유용한 평가**는 평가를 통해 개인의 성장과 발전을 위한 유용한 피드백을 제공하고 의사결정에 기여하는 등 변화를 가져올 수 있는 평가입니다. **체계적 평가**는 미리 세워진 계획에 따라 명확한 기준을 가지고, 타당하고 신뢰할 수 있는 방법으로 자료를 수집하고 분석하며, 충분한 근거를 갖고 합리적으로 판단하는 평가입니다.

평가는 사전 설계가 중요합니다. 이러한 좋은 평가의 요소, 다양한 평가방법을 인지하고, 강의계획서에 제시하여야 합니다.

평가계획의 예시를 살펴보겠습니다.

전반부 강의, 후반부 프로젝트 수업을 진행할 경우, 다음과 같은 평가계획을 예시해 보았습니다. 평가 요소는 대체로 출석, 참여, 성취/수행으로 구분할 수 있습니다.

출석은 정시 참석을 기준으로 결석과 지각에 대한 사항을 감점사항으로 주로 반영합니다. 참여는 수업 활동에 대한 참여도(의견 제시, 질문, 발표, 온라인 화상수업에서 비디오 켜기 등)이며, 팀 활동이 있는 경우는 팀 활동에 대한 참여와 기여를 포함합니다. 성취와 수행은 지필평가와 다양한 수행평가, 과제에 대한 평가 등으로 학습목표 달성과 직접적으로 관련되는 중요한 평가 요소입니다. 그 비율과 내용을 계획하여 강의계획서에 안내하고, 수업 중에 이를 설명하고 좀 더 상세하게 제시하는 것이 필요합니다.

■ 프로젝트 중심 팀 수업의 평가 계획 예시 ■

| 평가 요소 | | 반영 비율 | 주요 내용(포함될 내용) |
|---|---|---|---|
| 출석 | | 10% | • 결석과 지각 시 처리 기준 제시<br>• 공결 인정 범위 제시 |
| 참여 | | 20% | • 참여 내용과 기준 제시<br>예) 강의와 발표에 대한 질문, 피드백 등 |
| 성취/<br>수행 | 지필평가 | 20% | • 평가 시기, 방법, 기준 제시<br>예) 중간고사만 1회 실시<br>　　선택형 문항 50%, 서답형 문항 50% |
| | 개인 과제 | 10% | • 개인 과제 내용, 제출 시기, 과제 평가 기준 제시 |
| | 프로젝트 결과물 | 20% | • 팀 프로젝트 과제, 과제 평가 기준 제시 |
| | 팀 포트폴리오 | 20% | • 팀 포트폴리오 내용, 평가 기준 제시<br>예) 프로젝트 활동 기록, 역할, 소감 등 |

평가에 대해 **강의계획서**에 포함할 내용들을 참고해 볼까요?[2] 평가 방법과 기준을 '설정'하고 '제시'하는 것 못지않게 중요한 것은 '설명'입니다. 평가도 **소통**이 중요합니다.

- **평가 준거의 제시**
  - 평가방법에 따른 평가 준거 제시
  - 학습자의 학습활동 중 평가할 요소 기술
  - 학습자의 수행에 대한 평가 준거 제시
  - 출석 점수 산정 기준 설명
  - 구체적인 과제물의 평가 준거 제시
  - 학점 이수를 위한 출석 기준 제시

- **평가방법에 대한 설명**
  - 평가 결과에 따른 성적 처리 설명
  - 수업시간에 학생에 대한 평가방법 설명
  - 평가에서 요구되는 학생들의 행동 강령 제시
  - 다양한 평가방법 제시
  - 팀 활동에 대한 다양한 평가방법 안내

- **평가와 수업목표의 연계성**
  - 수업목표에 부합하는 평가방법 제시
  - 평가내용이 학습목표와 직접적으로 연계
  - 학습목표의 도달 여부를 판정할 수 있는 평가방법임을 설명

## 지필평가 살펴보기

교육평가에 대한 내용은 2장에서 자세히 설명하였고, 여기에 서는 실제적인 사례들을 소개하고자 합니다.

**지필평가**의 시험 문항을 제대로 출제하는 것도 대단히 중요합니다. 학습자로서 많이 접했기 때문에 익숙하지만, 문항의 유형과 문항 작성법은 약간의 학습과 연습이 필요합니다.

저는 사전학습을 요구하는 수업을 많이 하고 있어, 지필평가는 주로 **학습 준비도 평가**에서 사용하고 있습니다. 예습으로 교재를 읽고 시험을 보는 것이기 때문에 중요하고 기본적인 내용을 문제로 출제하고, 70점 혹은 80점 이상이면 만점으로 간주한다고 공표합니다. 사실, 예습하지 않으면 50점도 어렵지요. 여러 번 시험을 보기 때문에 평균 점수이고, 추후 더 잘할 수 있도록 격려할 필요가 있습니다.

다음은 흔히 '객관식'으로 알고 있는 **선택형 문항**의 예시입니다.

**진위형**은 문장의 진위를 판정하여 OX로 응답하는 문항입니다. 완벽하게 진위로 판가름하기는 사실상 불가능합니다. 좀 더 가까운 것에 답할 것, 교재/동영상을 기준으로 함 등의 제한을 주는 것도 좋습니다.

1. 베버(Weber)는 관료제를 이상적인 조직 모델로 제안하였다.　　(O, X)
2. 이 강의에서 앞으로 경험할 수업방법은 '팀기반학습'이다.　　(O, X)

**선다형**은 다수의 답지 중에서 정답을 선택하는 문항입니다. 바른 것을 선택하거나 틀린 것 혹은 거리가 가장 먼 것을 선택하는 문항이 대부분이며, 매력적인 오답을 만드는 것이 중요합니다. 정답의 개수를 제시하지 않고 '모두' 고르라는 문제는 상당히 어려운 문제입니다. 참고로 4번 문제의 답은 모두 몇 개일까요?

1. 허즈버그(Herzberg)의 동기-위생이론에 대한 설명으로 가장 적합한 것은?　　　　　　　　　　　　　　　　　　　　（　　）
   ① 직무 불만족 요인을 제거하면 직무 만족에 도달하게 된다.
   ② 직무 불만족 요인을 제거한다고 해서 직무 만족이 되는 것은 아니다.
   ③ 하위 단계의 욕구가 충족되어야 그다음 단계의 욕구로 진행할 수 있다.
   ④ 하위 단계의 욕구가 충족되지 않더라도 상위 단계의 욕구가 발생할 수 있다.

2. 피들러(Fiedler)의 상황론에서 리더십 효과에 영향을 미치는 상황 변인이 아닌 것은?　　　　　　　　　　　　　　　　（　　）
   ① 과업 구조　　　　　　　　② 조직 문화
   ③ 지도자의 지위 권력　　　　④ 지도자와 구성원의 관계

3. 다음은 A학교에 존재하는 조직의 명칭이다. 이것은 어떠한 조직의 예인가?　　　　　　　　　　　　　　　　　　　　（　　）

   | • 등산동호회　　• 기독교사모임　　• A대 동문모임 |
   | --- |

   ① 공식조직　　　　　　　　② 비공식조직
   ③ 계선조직　　　　　　　　④ 참모조직

4. '조직화된 무정부(organized anarchy)'의 주요 특징을 <u>모두 고르면?</u>

               (   )

 ① 참여자 변동     ② 모호한 목표
 ③ 불분명한 기술    ④ 우연적 의사결정


  **연결형**은 문제와 답지를 연결하는 문항입니다. 하나를 연결하는 문제도 가능하고 여러 개를 동시에 연결하는 문제도 가능합니다.


1. 의사결정의 각 모형과 추구하는 대안을 적절하게 연결하시오.

    가. (   )   나. (   )   다. (   )

| 가. 합리 모형   나. 만족 모형   다. 점증 모형 |
| --- |

 ① 최선의 대안    ② 합의된 대안
 ③ 만족스러운 대안   ④ 전보다 개선된 대안


  다음은 흔히 '주관식'으로 알고 있는 **서답형 문항**의 예시입니다.
  **단답형**은 간단한 답을 기입하는 문항입니다. 대체로 정답이 명확합니다.


1. 매슬로(Maslow)의 욕구위계론에서 가장 높은 욕구는 무엇인가? (   )
2. 칼슨(Carlson)의 봉사조직 유형론에 의하면, 조직의 고객 선택권과 고객의 조직 선택권이 모두 존재하는 조직을 무엇이라고 하는가?  (   )

**괄호형/완성형** 문항은 괄호 안에 맞는 정답을 기입하여 문장을 완성하는 문항입니다. 역시 정답이 명확한 편입니다.

1. 칼슨(Carlson)은 (          )의 유형을 구분하면서, 조직의 고객 선택권과 고객의 조직 선택권이 모두 존재하는 조직을 야생조직, 모두 존재하지 않는 조직을 온상조직이라 하였다.

2. 칼슨(Carlson)의 봉사조직 유형론에 의하면, 초등학교와 중학교는 온상조직에 속하고, 대학과 특수목적고등학교는 (          )에 속한다.

**논술형/서술형**은 논술 또는 서술을 요구하는 서답형 문항입니다. 다양한 답안이 가능하므로 평가기준 제시가 필요합니다. 심층적인 지식과 사고를 평가할 수 있는 문항으로 추천되고 있습니다.

1. 칼슨(Carlson)의 봉사조직 유형론에 의하면, 자율형 사립고등학교(자사고)는 야생조직(wild organization)으로 분류된다. 야생조직의 특징을 고려하여 자사고의 순기능과 역기능을 각각 두 가지 이상 설명하고, 자사고 유지와 폐지에 대한 자신의 의견을 논리적으로 제시하시오.

* 분량: __ 줄 이상 / ___ 줄 내외
* 평가기준: 이론의 이해, 이론의 적용, 논거의 타당성

이런 문제는 어떨까요? 공부했는데 출제되지 않으면 아쉬움이 있지요. 좋은 문제를 내게 해 보고 가점을 주면 격려가 될 수 있습니다. 수업에서 함께 토의하고 싶은 것이나 질문을 쓰도록 하고, 수업 중에 혹은 LMS를 통해 설명하거나 다루는 것도 좋습니다.

> 1. 시험 범위 내용에서 중요한 문제를 하나 출제하고 정답을 쓰시오.
> 2. 시험 범위 내용에서 토의하고 싶은 것 또는 궁금한 점을 쓰시오.

지필평가의 경우, 적절한 출제 범위, 좋은 문항 제작, 난이도 조절 등이 중요합니다. 지필평가에만 의지하는 것은 지양하는 추세이지만 지필평가를 포함하여 종합적인 평가를 하는 경우가 많기 때문에 좋은 시험과 시험 문제의 효용성은 여전히 큽니다.

시험에 대한 부담과 불안이 없는 사람은 없습니다. 교수자도 채점의 부담과 성적 산출의 고통이 있지요? 시험이 좋은 평가의 요소를 갖추도록 세심하게 접근하고 적절하게 활용하기 바랍니다.

## 어떻게 발표할까요

과제나 팀으로 수행한 활동 결과를 발표하는 방식은 중요합니다. 누가 발표할 것인가? 어떠한 결과물로 발표할 것인가? 발표방식은 학습의 효과를 높일 수 있는 중요한 장치가 되기도 합니다. 팀 학습 발표를 중심으로 살펴봅니다.

발표의 순서를 기준으로 하면 '**순차 발표**'와 '**동시 발표**'가 있습니다. 모든 팀이 순서대로 발표하는 방식과 동시에 결과를 발표하는 방식입니다. 팀의 수가 많지 않거나 팀마다 다른 과제를 수행했을 경우에는 순차 발표가 적절하고, 반대로 팀의 수가 많거나 팀이 같은 과제를 수행했을 경우에는 동시 발표가 효과적입니다. 동시 발표는 결과를 동시에 제출하여 칠판이나 벽에 게시하고, 비대면 수업에서는 LMS와 채팅 등으로 동시에 제출하고, 필요한 경우 구두로 설명하도록 하는 방식입니다. 패들렛과 같은 온라인 협업 도구도 발표 형태로 활용 가능합니다.

발표하는 팀을 기준으로 하면 '**모두 발표**'와 '**일부 발표**'가 있습니다. 모든 팀이 발표하는 것과 일부 팀을 선별하여 발표하는 것입니다. 발표를 모두 시킬 필요는 없습니다. 랜덤 선정, 희망 팀, 우수한 내용의 팀, 설명이 필요한 내용의 팀 등 다양한 방식으로 선별하여 발표시킬 수 있습니다. 그러나 발표는 일부만

■ 팀 과제에 대한 동시 발표 예시: 고등학교는 야생조직이어야 할까? ■

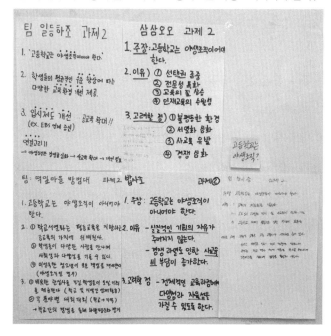

하더라도 모든 팀의 결과물을 확인할 수 있는 장치(결과 기록, 제출, 탑재 등)는 해 두어야 합니다.

발표하는 학생을 기준으로 하면 '**자율 선정**'과 '**교수자 지명**'의 방식으로 나눌 수 있습니다. 대표로 발표할 학생이 필요할 경우 팀에서 발표자를 스스로 선정하는 것과 교수자가 당일 정하는 것입니다. 전자가 일반적이지만 후자도 효과적일 수 있습니다. 모두가 발표할 가능성이 있다면 팀 활동과 결과를 전원이 숙지해야 하기 때문입니다. 단, 매우 중요한 팀 과제, 예를 들어 학기 중 단 한 번 발표하는 팀 과제라면 발표에 사활이 걸릴 수 있어 발표자에게만 부담이 쏠리지 않도록 하는 것이 필요합니다. 또한 '**대표 학생 발표**'가 아닌 '**모든 팀원 발표**'도 가능합니다. 모든 팀원이 발표에 참여하는 것인데, 단순한 '개인 발표의 집합'이 되지 않도록 하는 것이 중요하겠지요?

과제나 팀 활동 발표에 있어서 결과물의 형식과 시간에 대한 정확한 지침을 주어야 합니다. 교수자가 구두로 설명하더라도 학생들이 정확한 내용을 인지·확인할 수 있도록 내용을 명시하고, 얼마 동안 발표하는지(시작 시간과 종료 시간), 어떠한 방식으로 결과를 제출하거나 발표하는지 안내합니다. 과제 형태의 팀 학습과 발표인 경우에는 더욱 명확하게 제시하여야 학생들이 정확하게 준비할 수 있습니다.

팀 학습 발표를 기준으로 설명했지만, 개인 발표에도 적용해 볼 수 있겠습니다. 발표방식에 따라 수업과 학습의 질이 달라질 수 있다는 점 반드시 기억하고 적절히 활용해 보기 바랍니다.


## 누가 평가할까요


과제나 팀으로 수행한 활동의 과정과 결과를 평가할 때, 평가의 주체를 기준으로 살펴보면 다음과 같이 분류해 볼 수 있습니다.

첫째, '**교수자 평가**'입니다. 교수자의 전문적인 평가와 피드백은 매우 중요합니다. 수업 전체를 관리하고 최종적인 학점 부여 권한을 가지기 때문에 가장 중요한 평가자입니다.

둘째, '**학생 상호 평가**'입니다. 다른 팀의 학습 결과에 대하여 같은 학습자의 관점에서 그 우수성을 평가할 수 있습니다. 다른 학생 또는 팀의 결과에 대하여, ① 절대적인 점수 매기기, ② 팀 간 순위 매기기, ③ 잘한 팀 뽑기 등의 방법으로 평가하게 할 수 있습니다. 절대평가와 상대평가 모두 가능합니다. 다른 팀의 학습 결과에 대하여, ① 팀에서 상의하여 평가하기(팀에서 의견 통일), ② 개인별로 평가하기(개인 의견)의 방식으로도 상호 평가를 진행할 수 있습니다.

셋째, '**외부 평가**'도 필요한 경우에 유용합니다. 교내외 전문가, 지역사회와 산업체 인사, 수요자(고객 등)의 시각도 평가에 포함할 수 있습니다. 프로젝트학습과 캡스톤디자인 수업의 경우에 더욱 적합합니다. 최종적인 산출물에 대한 평가도 좋고, 중간 과정에서 외부 평가와 피드백이 이루어지면 학습에 더욱 도움이 될 수 있습니다. 외부 평가와 피드백은 학습의 질을 높이고 객관적인 평가에 도움이 되며 교수자 평가를 보완할 수 있습니다.

■ 학생 상호 평가 양식 예시: 팀 과제에 대한 개인 평가 ■

## 1. 글쓰기 결과물 평가(흥미와 전문성을 종합하여 평가)

내가 속한 팀에 대한 평가도 객관적으로 해 보세요(자기평가는 참고만 합니다).
정성적인 의견은 사이버캠퍼스에 댓글로 달아 주세요.

| | 매우 잘했음 | 잘한 편임 | 보통 수준임 | 못한 편임 | 매우 못했음 |
|---|---|---|---|---|---|
| 교육철학 | ○ | ○ | ○ | ○ | ○ |
| 교육사 | ○ | ○ | ○ | ○ | ○ |
| 교육과정 | ○ | ○ | ○ | ○ | ○ |
| 교육공학 | ○ | ○ | ○ | ○ | ○ |
| 교육심리 | ○ | ○ | ○ | ○ | ○ |
| 교육상담 | ○ | ○ | ○ | ○ | ○ |
| 교육평가 | ○ | ○ | ○ | ○ | ○ |
| 교과교육 | ○ | ○ | ○ | ○ | ○ |
| 교육사회 | ○ | ○ | ○ | ○ | ○ |
| 평생교육 | ○ | ○ | ○ | ○ | ○ |
| 교육행정 | ○ | ○ | ○ | ○ | ○ |

## 1-1 이 중 가장 잘 썼다고 생각되는 글 3개를 쓰세요

(본인 팀 제외)

[액션러닝을 적용한 교육행정학 수업에서
실제 과제*의 해결안을 의뢰한 초등학교장의 구두 평가]
*학생 수 감소로 여유 교실이 많아서 유지ㆍ관리에 어려움이 많은데
효율적인 시설 활용을 위하여 학교장이 할 수 있는 의사결정에는
어떤 것이 있을까요?

"매우 훌륭한 해결안이었다. 발표 내용과 멘트 그리고 발표자의 순발력까지 탁월했다는 생각이 든다. 저희 학교의 유휴교실 문제가 행복한 고민이라는 말씀도 하셨는데, 한정된 운영비로 많은 교실을 운영해야 하기 때문에 전기세 등 유지ㆍ보수하는 데 많은 고민이 있음을 말씀드리고 싶다. 해결안 중에 세면실과 헬스장의 경우 생각하지 못했던 아이디어였다. 좋은 방안이라고 생각하며 적극 반영할 생각이다. 이번 과제의 경우 클라이언트의 요구가 무엇인가를 정확히 파악하는 것이 가장 중요하다고 생각했는데 볶음밥 팀은 요구를 제대로 파악하여 가려운 곳을 잘 긁어 준 것 같다."

마지막으로, '**자기평가**'도 유용한 학습과 평가 도구입니다. 학생 상호 평가를 통해 자신 혹은 자신이 속한 팀에 대해 객관적인 위치를 파악하고, 자기평가(팀 평가 포함)를 통해서는 학습의 과정과 결과에 대한 성찰로 이어지게 됩니다. 자기평가는 개인의 능력이나 특성을 스스로 판단하는 학습자 중심의 평가방법으로 체크리스트 방식, 쓰기 활동을 통한 자기평가, 기술식 방법과 척도화된 방법을 혼합한 방법 등이 있습니다. 수업 성찰문 작성과 같은 활동도 자기평가의 일환으로 볼 수 있습니다.

> **자기 평가 및 성찰 예시**
>
> 1. 내가 배운 것은 무엇인가?
> 2. 효과가 있던 것과 없던 것은 무엇인가?
> 3. 다음 계획은 무엇인가?

　이렇게 평가의 주체를 적절하게 분산하는 것은 결국 교수자의 역할입니다. 어떤 과제는 학생 상호 평가를 실시할지, 이 과제에 적합한 외부 평가자는 누구이고 어떠한 시점에 투입하는 것이 적절한지, 자기평가는 어떻게 활용할 것인지 등을 판단하고 적절하게 운영하는 것이지요. 결국 평가 전문성은 교수자에게 달려 있습니다.

　평가는 학습의 마지막 단계에서만 이루어지는 것이 아니라 **'수시평가'**의 방식으로 이루어지는 것이 학습효과를 갖습니다. 매 시간 평가의 '부담'을 갖게 한다기보다는 '일상적인 평가'를 통해 학습의 과정과 결과에 대해 점검하고, 평가의 피드백 기능을 강화하는 다양한 장치들도 학습을 촉진하는 중요한 요인이 될 것입니다.

## 팀 학습에서 평가

팀 학습에 적합한 평가방법은 따로 있을까요?

**팀 학습 평가**에 대해 별도로 설명할 필요가 있습니다.

대표적인 팀 학습 모형의 하나인 팀기반학습에서는 평가 요소로 '개인 성과' '팀 성과' '팀에 대한 개인의 기여도'를 제시하였습니다. 이것은 본격적인 팀 학습이 포함된 수업이라면 통용될 수 있는 평가 요소로 볼 수 있습니다. 수업 중 팀 혹은 조를 임시로 운영하거나 자주 변경하는 경우는 적절치 않고, 일정 기간 유지되는 팀의 학습에 해당합니다.

개인 성과는 수업 전체에서 개인적인 성취와 참여를 의미하며 학습 준비도 평가(예습 퀴즈), 지필평가(중간 · 기말 시험), 개인 과제 등을 포함합니다. 팀 성과는 팀의 성과를 의미하며 팀 평가(예습 퀴즈, 지필평가), 팀 토의 결과, 팀 수행 프로젝트 등을 포함합니다. 팀에 대한 개인의 기여도는 팀 학습의 과정과 결과에 대해 팀원 개인이 기여한 정도로, 주로 동료 평가 방식으로 이루어집니다.

**사전학습 기반 팀 학습** 모형인 **팀기반학습**을 적용한 수업의 평가계획을 제시합니다. 예습을 한다는 점은 **플립러닝**과 유사하고, 학습 준비도 평가, 즉 예습 퀴즈를 반드시 한다는 점은 차이가 있습니다. 개인과 팀으로 구분하여 제시해 보았고, 기여도 평가를 포함하였습니다. 수업의 틀이 절대평가인지, 상대평가인지에 따라 감점으로 제시할지, 학생의 성취 비율에 따른 결과로 제시해야 할지 다르다는 점은 참고해 주세요.

■ 사전학습 기반 팀 학습 수업의 평가계획(예시) ■

| 평가 요소 | | 반영 비율 | 주요 내용 |
|---|---|---|---|
| 개인 | 출석, 참여도 | 10% | • 결석 시 사전 연락하고 대체과제 수행(LMS 공지)<br>• 결석 3회 이상은 감점 및 교수 상담<br>• 지각 2회는 결석 1회로 처리<br>• 학교 기준에 따른 공결 인정<br>• 수업 중 발표, 질문 등 확인 |
| | 개인 학습 준비도 평가 | 20% | • 교재 사전학습 후 평가 참여(총 5회)<br>• 중요하고 기본적인 문제 10개 내외 출제<br>• 본인이 작성한 사전학습 요약(양면 1쪽 이내)을 지참하고 참여할 수 있음<br>• 전체 평균 80점 이하부터 감점 |
| | 개인 과제 | 10% | • 10주 차에 과제 제출<br>• 과제는 수업 중 안내 및 LMS 공지 |
| 팀 | 팀 학습 준비도 평가 | 10% | • 팀의 학습 준비도 평가 결과<br>• 사전요약지 참고 불가<br>• 전체 평균 90점 이하부터 감점 |
| | 팀 문제 해결 결과물 | 30% | • 수업 중 팀 문제 해결의 결과물 평가<br>• 개별 과제들에 대한 평가 기준은 수업 중 공개 |
| 기여도 | 동료 평가 | 20% | • 팀에 대한 개인의 기여도 상호 평가<br>• 종강일 평가 예정 |

이러한 팀 학습의 평가 요소는 학생들에게 미리 안내하고 학생들과 함께 그 비율을 정하는 것도 좋습니다. 어떠한 요소가 평가에 포함되어 있는지 확실하게 인지함으로써 각 요소에 대하여 성실하게 학습하도록 하고, 비율 결정에 참여하였다는 사실만으로도 학습자의 책무성이 강화되는 순기능이 있습니다.

예를 들면, 세 가지 요소를 제시하고 총합을 10으로 하여 그 세부 비율을 팀에서 논의하여 정해 보라고 합니다. 각 팀이 의견을 제시하면 교수자가 이를 산술적으로 평균하여 최종적으로 정할 수도 있고, 팀 의견을 반영하되 교수자의 의견을 더하여 새롭게 정할 수도 있습니다.

■ 평가 비율 결정 예시 ■

| 구분 | 개인 성과 | 팀 성과 | 기여도 |
|---|---|---|---|
| A팀 의견 | 3 | 4 | 3 |
| B팀 의견 | 4 | 5 | 2 |
| C팀 의견 | 3 | 3 | 3 |
| 결정 | 3 | 4 | 3 |

평가 비율은 모든 학생의 개별적인 의견을 전체적으로 받을 수도 있습니다. 그러나 팀 학습 평가 요소에 대한 팀 토의 자체만으로도 이후 팀 학습활동에 순기능으로 작용할 수 있다는 점에서 전자의 방식을 추천합니다. 단, 비율 결정은 팀 학습이 일

단 진행되면 개인적인 유불리가 작동하므로 팀 학습을 시작하는 단계에 정하는 것이 효과적입니다.

이렇게 팀 학습 평가 요소의 비율을 학습자와 함께 정하는 것은 교수자가 구상한 수업 운영에 혹시 차질을 주는 것은 아닐까요? 그렇지 않습니다. 특정 요소의 비율이 높다고 해서 그 요소가 가장 큰 결정력을 가지는 것은 아니지요. 예컨대, 개인 성과와 팀 성과가 비슷하다면 가장 낮은 평가 비율을 차지하는 기여도에서 변별력을 가져올 수도 있습니다. 중요한 것은 좋은 성적을 받기 위해서는 '개인적으로나 팀으로나' 모두 잘해야 하며, 팀 학습에 '내가 기여해야 한다'는 점을 상기하는 것입니다.

**기여도 평가**를 좀 더 살펴보겠습니다. 기여도 평가는 반드시 필요할까요? 팀 학습의 과정과 결과에서 팀원 각자가 얼마나 기여했는지에 대한 평가가 팀 학습에서 필수적인 것은 아닙니다. 기여도 평가가 필요하다고 생각되면 실시하고 그렇지 않다고 생각되면 실시하지 않아도 됩니다. 교수자의 철학에 따라, 팀 학습의 목표와 성격에 따라 기여도 평가 여부는 판단하면 됩니다. 기여도 평가를 한다면 이것이 팀 학습에 더욱 열심히 몰입시키는 기제가 될 수 있도록 설계하는 것이 필요합니다.

동료 평가로도 불리는 기여도 평가를 실시하는 방식은 여러 가지가 있을 수 있습니다. 학생들로부터 경험적인 사례로 팀장에게 기여도 점수 내지 순위를 매기게 하는 것, 팀에서 서로 합의하는 것 등이 있다고 들었습니다. 이런 방식은 교육적으로는 그다지 바람직하다고 생각하지 않습니다. 모든 학생에게 기회가 있고, 개인의 의견을 솔직하게 익명으로 밝힐 수 있어야 합니다.

　기여도 평가의 방식으로 절대평가와 상대평가를 생각해 볼 수 있습니다. **절대평가**는 몇 가지 준거로 동료 팀원을 평가하는 방식입니다. 5점 또는 4점 리커트 척도로 조사하고, 여러 기준에 대해 평가하게 하거나 총괄적인 점수를 하나만 적게 해도 됩니다.

■ 기여도 평가: 절대평가 예시 ■

| 팀원 이름 | 기준 1 | 기준 2 | 기준 3 | 계 |
|---|---|---|---|---|
| A | 5 | 4 | 5 | 14 |
| B | 5 | 5 | 4 | 14 |
| C | 4 | 4 | 4 | 12 |
| D | 4 | 4 | 5 | 13 |
| E | 3 | 4 | 3 | 10 |
| 자기평가(참고) | 5 | 4 | 5 | 14 |

　이 경우 어떤 문제가 있을까요? 학생에 따라 기준이 다르다는 점, 그리고 평가 인플레 혹은 평가 담합이 있을 수 있습니다.

　이에 **상대평가** 방식도 고려할 만합니다. 상대평가는 나를 제외한 팀원의 수에 10점을 곱하여 총점을 산출하고 그 점수를 동점 없이 배분하는 것입니다. 예컨대, 평가할 팀원이 5명이라면 '50점(평가 인원 수×10점)을 동점 없이 배분'하는 평가방법입니다. 전체 100%에 대해 기여도를 할당하게 할 수도 있습니다. 점수를 부여하고 그렇게 평가한 이유를 함께 쓰게 합니다. 이 경우에도 기여도 평가의 기준을 안내하고 이를 종합하여 점수를 매기도록 합니다.

■ 기여도 평가: 상대평가 예시 ■

| 팀원 이름 | A | B | C | D | E | 계 | 자기평가 (참고) |
|---|---|---|---|---|---|---|---|
| 기여도 점수 | 8 | 10 | 9 | 11 | 12 | 50 | 9 |
| 이유 | 서술 | 서술 | 서술 | 서술 | 서술 | – | 서술 |

상대평가가 번거롭다면, 우리 팀의 '기여왕'을 각자 한 명 또는 두 명 뽑도록 하여 교수자 개인에게 비공개로 전달하는 방식도 가능합니다.

기여도 평가는 주로 마지막 시간에 시험 볼 때 함께 혹은 별도로 실시합니다. 비대면 수업에서는 실시간 온라인 수업 도중에 시간을 내어 교수자가 지켜보면서 기여도 평가를 실시합니다. 온라인 설문조사를 만들어 응답하게 하고 더불어 수업에 대한 종합적인 성찰도 기록해 보게 하는 것도 좋습니다.

## 팀 활동 기여도 평가

■ 나는 사적인 감정을 배제하고 공정하고 솔직하게 팀 동료를 평가할 것을 서약합니다.

팀:      이름:      (서명)

■ '팀 활동(팀 학습 준비도 평가와 팀 과제 수행)'에 있어서 구성원의 기여도 평가 기준

| | |
|---|---|
| 팀 학습성취도 평가(1라운드)에 대한 기여도 | − 팀 과제(2라운드) 수행 시 의견 제시, 경청, 조율 등 |
| 팀 과제 정리, 발표, 과제 탑재 등 수고 | − 기타 팀 활동에서의 역할 및 기여 |

※ 팀원의 수가 자신을 제외하고 5명이면 50점 만점, 6명이면 60점 만점입니다.
　팀원에게 모든 다른 점수를 주어야 합니다. (모두에게 다른 점수를 주었으나 합계가 맞지 않는 경우 플러스 마이너스 1점 가능)

| 예시) | 이름 | 이기쁨 | 박미소 | 김사랑 | 오열매 | 최고은 | 합계 |
|---|---|---|---|---|---|---|---|
| | 기여도 | 8 | 11 | 9 | 10 | 12 | 50 |

※ 팀원의 이름을 적은 후 기여도 점수를 적고 그 근거를 적어 주세요. (자기평가는 참고만 합니다)

| 이름 | | | | | | 자기평가 |
|---|---|---|---|---|---|---|
| 기여도 | | | | | | |
| 평가근거 (구체적으로) | | | | | | |

**팀원 기여도 평가 - 서약**

"나는 팀원을 진실하고 공정하게 평가할 것을 서약합니다" - 서약할 경우 이름을 써 주세요.

**팀원 기여도 평가 (본인을 제외하고 팀원이 4명인 경우 40점을 동점없이 배분하기)**

1. 팀원 이름 · 기여도 점수 · 이유 2. 팀원 이름 · 기여도 점수 · 이유 …… 를 아래에 쓰세요. (본인 제외)

**본인 기여도 평가 (평가에 포함되지 않으나 참고합니다)**

10점 기준으로 〈 본인 기여도 점수 · 이유 〉를 쓰세요.

**협력** 역량을 평가하는 루브릭을 참고하기 바랍니다. 학습자 관점에서 팀 협력을 평가하거나 성찰할 수 있습니다.

■ 협력 평가 루브릭 예시[3] ■

| 스킬/지식 | 탁월 | 숙달 | 기본 | 초보 | 점수/비중 |
|---|---|---|---|---|---|
| 생산적으로 작업한다 | 우리는 과제에 집중하고 원하는 결과를 얻기 위해 우리의 모든 시간을 효율적으로 사용했다. 각자 할당된 일을 했고 때로는 더 많이 수행했다. | 우리는 함께 작업을 잘했고, 대부분의 경우 일이 끝날 때까지 과제에 집중했다. 각자 할당된 일을 거의 모두 수행했다. | 우리는 가끔 함께 작업을 했는데, 모두가 기여를 했거나 각자 맡은 일을 완수한 게 아니라서 작업을 끝내는 것이 어려웠다. | 우리는 제대로 협업하지 못했다. 과제에 집중하기보다는 각자 자기 방식대로 하며 남들에게만 무엇을 하라고 명령하려고 했다. | |
| 상대를 존중한다 | 모두가 경청하고 공유된 아이디어에 대해 토의했다. | 구성원들은 대부분의 경우 존중하는 태도로 듣고 상호작용했다. | 일부는 다른 사람의 아이디어를 존중하는 데 어려움이 있었다. | 구성원들은 다른 사람의 의견을 기꺼이 들으려 하지 않았고, 구성원 간에 언쟁을 했다. | |
| 양보와 타협을 한다 | 모두가 공동의 목표를 달성하기 위해 융통성을 발휘하며 협업했다. | 대체로 우리는 작업을 진척시키기 위해 양보와 타협을 할 수 있었다. | 더 많은 사람이 양보와 타협을 하지 않기 때문에 기대만큼 진척시키지 못했다. | 의견 불일치가 많았고, 일부 구성원은 자기 방식대로만 하려고 했다. | |
| 책임을 공유하고 모두가 기여한다 | 모두가 최선을 다해 일했고 부여받은 과제를 끝까지 수행했다. | 구성원 대부분이 각자 맡은 역할을 끝까지 해냈다. | 각자 맡은 역할을 하도록 하는 것이 어려웠다. | 우리는 각자가 자신의 역할을 해낼 것이라고 믿고 의지할 수 없었다. | |

## 학습 성찰과 수업 개선

수업과 학습에 대한 책임은 누구에게 있을까요? 학습을 이끄는 교수자가 잘해야 하는 것은 지극히 당연한 것입니다. 그러나 학습의 주체는 학습자입니다. 수업과 학습에 대한 성찰과 평가는 교수자와 학습자 모두 필요합니다.

먼저, 학습 성찰을 살펴봅시다.

'**학습 성찰**'은 학습자가 자신의 학습에 대하여 그 내용과 의미를 성찰해 보는 것입니다. 본인의 학습태도, 학습과정, 학습성과를 성찰해 보는 것이 필요합니다. 성찰저널, 수업 성찰문 등 글의 형태로 작성하도록 하는 것이 일반적이고, 수업에서 간단한 방식으로 성찰을 해 보게 하는 것도 가능합니다. 앞에서 살펴본 자기평가와도 연결됩니다.

학습 성찰은 성찰의 대상에 따라 '개인 성찰'과 '팀 성찰'로 구분할 수 있습니다. **개인 성찰**은, ① 수업에 대한 나의 준비와 태도, ② 수업에서 배운 점과 느낀 점, ③ 앞으로 실천, 반영할 점 등에 대하여 진지하게 생각해 보고 글을 작성하게 합니다. 학기 중간과 학기 말에 해 보게 할 수 있는데, 수업이 종료된 시점보다는 수업 진행 중에 하는 '**중간 성찰**'이 실행 가능성 측면에서 효과적입니다.

**학습 성찰 과제 예시**

다음 내용을 포함하여 진지하고 솔직하게 작성합니다(1쪽).
1. 수업에 대한 나의 준비와 태도
2. 수업에서 배운 점과 느낀 점
3. 앞으로 실천, 반영할 점

**성찰 과제**는 수업에 대한 자신의 태도를 되돌아보고, 수업에서 가장 기억에 남는 점과 앞으로 수업 안팎에서 실천할 점을 상기해 보는 기회가 될 수 있습니다. 학습 성찰과 함께 수업평가를 작성케 하기도 하는데, 본인에 대한 성찰과 함께 교수자에게는 수업 개선을 위한 중요한 중간 평가자료로 활용할 수도 있습니다.

**팀 성찰**은 팀에 대한 성찰로, 팀원이 함께 나누면 좋습니다. 스스로 정한 팀 규칙이 있으면 그것에 대해 우리 팀이 잘한 점, 개선 및 보완이 필요한 점 두 가지를 돌아가면서 말하게 합니다. 팀 규칙이 없다면, 우리 팀의 강점과 약점에 대해 이야기해 보도록 합니다. 팀 성찰은 매회, 중간, 최종으로 진행할 수 있으나, 역시 팀 활동 중간 시점에 하는 것이 개선 가능성으로 유용합니다.

학습 성찰은 더 깊은 학습으로 나아가기 위한 과정이고, 학습자를 학습의 '객체'가 아닌 '주체'로서 세우고자 하는 노력이기도 합니다. 학생들은 강의평가에 익숙하나 자신이 수업에 어떻게 참여하고 있는지 평가하는 것에는 익숙하지 않습니다. 수업에서 자신을 '관람객'으로 생각하는 경향도 없지 않습니다. 수업의 '주인공'으로서, 학습자 자신을 되돌아보고, 팀 학습의 구성원으로서의 자신을 반성하는 기회를 제공한다면 대학 이후에도 학습의 과정에서 능동적인 학습자가 될 수 있을 것으로 기대합니다.

이제 교수자의 성찰로 마무리해야겠지요?

교수자의 수업 개선으로 이어지는 성찰이 중요합니다.

가장 먼저 활용할 자료는 한 학기 수업에 대한 성적표, **강의평가**입니다. 수업을 마친 후 교수자가 얻을 수 있는 공식적인 피드백입니다. 정확하게 표현하면 '강의평가'가 아니라 '강의만족도'인데, 학생은 수강생으로서 강의에 대한 '만족도 조사(survey)'에 응답한 결과입니다. 여하튼 강의평가가 학생들이 익명으로 수업에 대한 솔직한 평가를 할 수 있는 기회가 되는 것은 틀림없습니다.

대부분의 학교에서 강의평가에 응답을 해야만 자신의 성적을 확인할 수 있도록 하고 있어서 학부생들은 대부분 강의평가에 의견을 표시하고 있습니다. 강의평가는 10개 내외의 정량적 평

## ▪ 강의평가(중간) 문항 예시: 충남대학교 ▪

| 정량평가 | 문항(1~5점) |
|---|---|
| 1 | 이 수업의 난이도는 적절한가? |
| 2 | 이 수업의 내용과 방법은 해당 분야에 대한 관심과 흥미를 유발하는가? |
| 3 | 이 수업을 통해 해당 분야에 대한 지식과 이해가 높아지고 있는가? |
| 4 | 교수님은 열의를 갖고 이 수업에 임하는가? |
| 5 | 교수님은 이 수업에서 대면 또는 비대면 방식으로 학생들과 의사소통을 효과적으로 하는가? |
| 6 | 강의계획서에 따라 강의 내용, 기간, 시간을 준수하고 있는가? |
| 정성평가 | -위 응답에 대한 부연 설명이나 기타 수업에 대한 의견 및 개선할 점 등을 자유롭게 적어 주십시오.<br>-응답을 1점(전혀 그렇지 않다)으로 평가한 항목이 있다면 사유를 적어 주십시오. |

## ▪ 강의평가(최종) 문항 예시: 충남대학교 ▪

| 정량평가 | 문항(1~5점) |
|---|---|
| 1 | 나는 수업을 통해 해당 분야에 대한 이해가 높아졌다. |
| 2 | 교수는 수업(보강)을 성실하게 관리했다. |
| 3 | 교수는 수업 준비를 충실히 했다. |
| 4 | 교수는 학생을 존중하고 인격적으로 대했다. |
| 5 | 교수는 강의계획서에 소개된 내용을 충실히 다루었다. |
| 6 | 교수와 학생 간 원활한 의사소통과 피드백이 이루어졌다. |
| 7 | 교수는 강의 내용을 쉽고 명확하게 전달했다. |
| 8 | 수업에 사용된 강의교재나 강의자료가 학습에 도움이 되었다. |
| 9 | 교수는 이 수업에 대한 전문성을 갖추고 있다. |
| 10 | 교수는 과제와 시험을 공정하게 시행하고 평가했다. |
| 11 | 나는 이 수업에 만족한다. |
| 정성평가 | -수업에 대한 소감이나 의견, 개선할 점 등을 자유롭게 적어 주십시오.<br>-강의 중간 평가 시에 제안한 사항이 이 강의에 운영되었다고 생각합니까?(1~3점) |

가와 추가적인 정성적 의견 작성이 일반적입니다.

최근 '**중간평가**'를 실시하는 대학이 늘고 있습니다. 강의 개선을 위한 직접적인 환류 목적이 큽니다. 중간평가는 많은 학생이 응답하지는 않지만 강의 진행 중에 참고하여 즉각적으로 반영하기에 좋습니다. 수업 중에 무기명으로 개선 사항을 받는 방법도 있습니다.

강의평가 결과를 수업 연구와 개선에 반영한다면 훌륭한 교수자가 틀림없습니다. 많은 대학에서 강의평가 결과에 대하여 교수자의 '**CQI**(Continuous Quality Improvement)'를 작성하도록 하고 있는데, 공학교육인증제도에서부터 출발하였고, '계속적인 질 관리/개선' 정도도 번역할 수 있겠습니다.

CQI 작성이 의무화된 경우 형식적인 문서 작성에 그칠 수도 있으나, 수강생들의 강의평가 결과를 살펴보면서 자신의 교수법을 성찰하는 기회로 삼는 것은 어떨까요? 중간과 기말에 한 번씩 모든 수업의 강의평가를 확인하고 CQI를 작성합니다. 억울하기도 하고 흐뭇하기도 하지만 학생들의 눈은 대체로 정확합니다. 노력한 점을 알아봐 주면 기쁘면서 그다음 단계로 나아갈 점을 찾아보고, 부족한 점을 지적하면 왜 잘 안 되었을까, 의도가 왜 전달되지 못했을까 곰곰이 생각해 보고 개선할 방법들도 찾아보게 됩니다.

## ■ 강의평가 CQI 양식 예시: 충남대학교 ■

학생의 강의평가 및 개선 사항 요약(강의 중간평가 및 강의 기말평가분)
-해당 과목의 서술형 강의평가 내용이 있으면 기본적으로 보여 줍니다.

강의에 대한 교수 평가

이전 강좌 대비 개선점

종합적 강의 개선 방안

개인적인 수업 연구는 독서, 온라인 자료 검색, 유튜브 청취, 교수법 특강 시청 등 다양하게 이루어질 수 있으며, 수업에 대한 성찰을 포함하여 '교수 포트폴리오(teaching portfolio)'를 작성하는 것도 학교에 따라 권장하고 있습니다.

함께하는 수업 연구는 어떨까요? 대학마다 교수자 학습모임을 지원해 주고 있는데, 필요한 주제에 대하여 실질적인 연구와 실행을 함께 진행하는 교수자 학습모임을 구성하여 운영해 볼 것을 권합니다. 자발적인 수업 연구 모임도 좋습니다. 공동체 속에서 배우라! 닫힌 문을 열고 동료 교수자들과 함께하는 소통과 나눔은 고독한 수업을 홀로 이끌어 가는 교수자를 분명 도울 것입니다.

교수자들은 각자의 방식으로 **수업 연구**를 하고 **수업 성찰**을 진행하고 있습니다. 간단한 메모도 좋고 수업일지 기록도 좋습니다. 교수자는 가르치는 중에 성찰하고 가르친 후에도 성찰하는 존재, 즉 '**성찰하는 실천가**(reflective practitioner)'입니다.[4]

교육은 '사람'을 대상으로 합니다. 내가 만나는 학생에게 중요한 영향력을 미치는 교육, 학생을 변화시킬 수도 있는 교육, 끊임없는 성찰과 성장이 필요합니다.

- 좋지 않은 수업에 대한 대학생들의 인식도 살펴봅니다.
  한 대학 학생들의 자율적 서술형 강의평가의 내용 분석 결과입니다.

 좋지 않은 수업에 대한 대학생들의 인식[5]

| 상위 영역 | 하위 영역 | 하위요소 | 빈도 | 케이스 퍼센트 |
|---|---|---|---|---|
| 교수자 | 개인특성 | 수업에 대한 열정 및 열의 부족 | 9 | 1.6 |
| | | 수업에 대한 전문성 부족 | 14 | 2.5 |
| | | 학생에 대한 배려 결여 | 27 | 4.8 |
| | | 발성, 발음, 말의 속도 문제 | 11 | 2.0 |
| | | 경직되고 권위적인 사고·태도(예: 교수중심적, 성차별적, 학생 의견 묵살) | 27 | 4.8 |
| | 교수능력 | 설명력 및 전달력 부족 | 50 | 8.9 |
| | | 무성의한 수업(예: 불성실한 수업 준비, 대충 가르침) | 54 | 9.6 |
| | | 강의력 부재 | 39 | 6.9 |
| | | (졸리고 재미없어) 지루함 | 21 | 3.7 |
| 수업 운영 | 수업 평가 및 인상 | 수업 자체에 동기부여가 안 되는 수업 | 49 | 8.7 |
| | | 강의식 혹은 주입식 수업 | 24 | 4.3 |
| | | (시험 후 망각되는) 암기 위주의 수업 | 28 | 5.0 |
| | 수업내용 | 어렵거나 방대한 수업내용 | 33 | 5.9 |
| | | 수업내용과 주제의 불분명 | 39 | 6.9 |
| | | 수업내용의 체계 및 정리 부족 | 18 | 3.2 |
| | | 수업내용의 최신성 부족(예: 과거 수업내용 사용, 유사한 강의 내용) | 27 | 4.8 |

| 상위<br>영역 | 하위<br>영역 | 하위요소 | 빈도 | 케이스<br>퍼센트 |
|---|---|---|---|---|
| 수업<br>운영 | 수업진행 | 수업방법의 문제(예: 비일관적, 부적절한 방법 사용) | 22 | 3.9 |
| | | 과도한 학생 참여 요구(예: 지나친 팀플, 발표) | 31 | 5.5 |
| | | 교재나 PPT 낭독 | 31 | 5.5 |
| | | 수업 운영 규칙을 지키지 않음(예: 수업시간 미준수, 잦은 휴강) | 25 | 4.4 |
| | | 학생들과 의사소통 및 상호작용 부족 | 22 | 3.9 |
| | 과제 및<br>평가 | 시험의 평가기준 및 변별력 문제 | 37 | 6.6 |
| | | 시험의 난이도 문제 | 8 | 1.4 |
| | | 과제에 대한 피드백이 적거나 없음 | 9 | 1.6 |
| | | 과제의 수준과 양의 문제 | 31 | 5.5 |
| | 수업환경 | 강의실 문제(예: 강의실 시설 고장, 불편한 의자) | 17 | 3.0 |
| | | 수업인원 과다 배정 | 17 | 3.0 |
| 수업<br>의미 | 인지적<br>가치 | 지식의 습득 및 유익성 부족 | 19 | 3.4 |
| | | 지식의 효용성 부족 | 16 | 2.8 |
| | | 지식의 심화 부족 | 7 | 1.2 |
| 기타 | | 학생 자신의 동기 및 열의 부족 | 24 | 4.3 |
| | | 기타 의견 | 16 | 2.8 |
| 합계 | | | 802 | 142.5 |

제6장

# 대학에서 팀 학습

대학에서 좋은 수업하기! 이번에는 팀 학습입니다.
대학에서 팀 학습, 이런 질문과 반응들이 많습니다.

"팀 학습 하면 진도는 어떻게 나가죠?"
"학생들이 팀 학습을 좋아하지 않아요."
"학생들이 팀 학습에 잘 참여하지 않아요."
"대학에서 팀 학습 꼭 해야 하나요?"

그렇지만 이런 질문도 드리고 싶습니다.

"지식의 '이해'와 '적용'을 모두 하고 싶나요?"
"대학 수업에서 '협력' 역량을 기를 수 없을까요?"
"제대로 공부하고 학생들도 좋아하는 팀 학습이 있다면 도전해 보겠어요?"

팀 학습은 정말 필요한 것인지, 학생들의 부정적인 반응은 어떻게 하면 바꿀 수 있
는지, 진정한 팀 학습은 가능한 것인지 지금부터 함께 찾아가 보면 좋겠습니다.

# 진정한 팀 학습, 가능할까요[1]

대학생들은 **팀 학습**을 어떻게 생각할까요?

학생들에게 물어보면 고개를 흔드는 경우가 많습니다. 별로 좋아하지 않는 것 같습니다. 무엇 때문일까요? 무임승차자가 있다, 누군가 떠맡게 된다, 평가가 공정하지 못하다, 수업시간 외에도 시간을 내야 한다, 비효율적인 과정과 성과 등이 팀 학습을 피하게 되는 주된 이유입니다.

교수자들은 어떨까요? 교수자들도 마찬가지입니다.

팀 학습은 쉽지 않습니다. 대학에서 꼭 필요한 것인지 혼란스럽기도 합니다. 팀 학습을 용기 있게 시도했다가 잘 안 되면 다시 설명 중심 수업으로 되돌아가는 경우도 있습니다. 때로는 교수자의 책임을 방기하는 수업이라고 생각되기도 합니다.

다음은 어떤 수업에 대한 강의평가일까요?

- 수업시간이 즐겁고 머리에 많이 남는 수업
- 실제적 과제와 협동력을 배운 수업
- 재미있고 보람찬 수업  · 즐겁고 유쾌한 수업
- 효율성 있는 수업  · 학생 스스로 공부하게 만드는 능동적인 학습

위 내용은 **팀기반학습**을 적용한 수업에 대하여 대학생들이 강의평가의 자유기술형 문항에 응답한 내용입니다. 이런 평가에 고무되어 열심히 팀 학습을 시도하고 있습니다. 이 수업만 이런 평가를 받는 것은 아니겠지요?

■ 팀기반학습을 적용한 대학 수업에 대한 강의평가 내용 ■

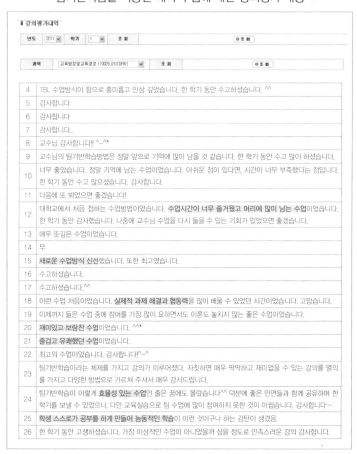

수많은 연구에서 팀 학습이 필요하고 효과적이라고 말하고 있습니다. 고등사고 능력, 사회적 능력, 그리고 시너지 효과 측면에서 팀 학습의 효과성이 확인되고 있습니다.[2] 무엇보다 사회에서 혼자서 하는 일은 거의 없습니다. 대부분 다른 사람과 협력하고 공동으로 작업하면서 일을 하게 됩니다. 대학에서 다른 학생들과 함께 학습하고 작업해 보는 경험이 중요합니다. 대학과 수업이 필요한 이유는 '학생의 학습'을 촉진하기 위해서입니다. 개별화된 맞춤형 수업이 필요하지만, 소집단을 통한 학습도 필요합니다. 효율적이면서 효과적인 학습이 될 수 있습니다.

학생들에게 긍정적이고 성공적인 팀 학습이 되려면 어떻게 해야 할까요?

먼저, 학생들의 불만부터 제거해야 하겠지요. 무임승차자는 완전히 없애지는 못해도 줄여야 하고, 평가는 최대한 공정하게 하여야 합니다. 수업시간 안에 이루어지는 팀 학습도 있습니다. 혼자 하는 것보다 함께 할 때 좋은 결과를 가져온다는 경험이 제공되어야 합니다. 팀 학습에 대한 긍정적인 경험, 성공 경험을 맛보게 하는 것이 중요합니다. 팀 학습의 시너지 효과를 경험하면 수업 후에도 다양한 팀 활동, 공동 작업에서 역량을 발휘할 수 있을 것으로 기대합니다.

**팀 학습**에 대한 오해도 살펴보겠습니다.

### ●팀 학습은 팀 활동만 한다, 학생들에게만 맡긴다

팀 활동만으로 수업 전체를 운영해야 하는 것은 아닙니다. 팀 학습의 스펙트럼은 매우 넓고 선택지가 다양합니다. 강의 초반 몇 주간에는 '강의'도 필요하고, 본격적인 팀 학습에도 교수자의 설명과 정리, 피드백이 반드시 필요합니다. 학생들이 팀 학습을 잘하도록 섬세한 지원도 필요합니다. 기존 강의 속에서 팀 학습은 적절히 포함할 수 있습니다.

### ●팀 학습은 집단 학습만 이루어진다, 개인 학습은 어렵다

집단 학습의 과정에서 개인 학습 또한 이루어집니다. 개인의 참여를 통해 집단의 학습 결과가 도출되고, 그 과정에서 학습이 이루어집니다. 또한 개인 학습 후 팀 학습을 진행하거나 팀 학습 후 개인 학습을 진행하는 등 연계와 심화도 가능합니다. 혼자서는 불가능한 학습 경험과 성과라는 측면에서 팀 학습의 가치는 결코 적지 않습니다.

### ●팀 학습이 적합하지 않은 학문 분야, 과목이 있다

정도의 차이는 있지만, 팀 학습은 모든 분야, 모든 주제에서 가능하다고 생각합니다. 앞서 구성주의와 마찬가지입니다. 어떠한 지식이든 함께 학습하고 함께 적용해 보는 일은 가능하고 필요합니다. 지식의 이해 측면에서 강력한 효과를 발휘하는 팀 학습도 있습니다! 단, 분야와 과목에 따라 적절한 전략이 필요하겠지요.

사실, 팀 학습만으로 모든 것이 가능한 것은 아닙니다. 모든 학습과 수업에 반드시 팀 학습이 필요한 것도 아닙니다. 단, 대부분의 교육에서 적절하게 활용될 수 있는 유용한 방법이 팀 학습인 것은 확실합니다.

교육은 '교사'가 하는 것, '교사와 학생이 함께' 하는 것, '학생들이 함께' 하는 것, '학생'이 하는 것으로 이루어집니다. 팀 학습은 학생이 혼자 할 수 있도록 돕는 과정이며, 그 자체로도 중요한 학습 경험과 성과가 될 것입니다. 그리고 여러 번 반복하는데, 교수자의 역할이 정말 중요합니다!

설득이 되었을까요? '팀 학습을 한번 해 봐야겠다. 지금보다 조금 더 해 봐야겠다'는 생각만 들어도 성공입니다!


## 팀 학습의 비법!

어떻게 하면 팀 학습이 잘 될까요? 팀 학습에 모든 학생을 적극적으로 참여하게 하는 방법이 있을까요? 과연 비법이 있을까요?

팀 학습의 성공 전략은 간단치 않습니다. '단 하나의 비법'은 없습니다. 여러 가지 전략이 팀 학습의 성공에 기여합니다. 그중 하나가 큰 효과를 발휘하기도 하고, 하나가 없으면 모두 실패하기도 합니다.

어떤 요소들을 세심하게 고려하면서 수업을 운영하면 진정한 팀 학습의 경험을 맛볼 수 있을까요? 팀 학습의 비법으로 수업 규칙, 팀 구성, 팀 빌딩, 팀 규칙, 팀 과제, 팀 발표, 팀 성찰, 기여도 평가 등을 꼽고 싶습니다.

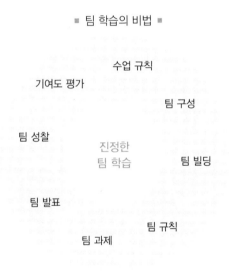

■ 팀 학습의 비법 ■

수업 규칙

기여도 평가

팀 구성

팀 성찰

진정한
팀 학습

팀 빌딩

팀 발표

팀 규칙

팀 과제

**수업 규칙**은 수업에서 지켜야 할 규칙으로 교수자가 제공합니다. 전체 학생에게 적용되는 규칙으로, 학생들의 의견을 반영하여 수정할 수도 있습니다. 팀 학습이 포함된 수업인 경우, '팀 학습에 적극적으로 참여한다' '팀 학습에서 자신의 역할을 충실히 수행하고 팀에 기여한다' 등의 규칙을 포함시키는 것을 추천합니다. 이러한 수업 규칙과 함께 수업 분위기, 나아가 수업 문화의 조성이 중요합니다. 팀 학습이 왜 필요한지, 어떻게 유용한지, 무엇을 왜 해야 하는지 설명하고 이를 학생들이 수용한다면 팀 학습은 불편하고 부담되는 것이 아니라 해 볼 만하고 환영하는 것이 될 수 있습니다.

**팀 구성**은 팀원을 어떻게 편성하는지와 관련된 것으로 팀 학습의 성패를 가릴 수도 있는 중요한 요인입니다. 팀을 구성하는 방식은 교수자 구성, 학습자 구성, 상호 구성이 있습니다. 어떠한 성격의 팀 학습인가에 따라 적합한 팀 구성 방식은 달라집니다. 수업시간 내에 이루어지는 토의형 팀 학습의 경우, 학생의 능력이 비슷하다면 배경을 다양하게 교수자가 구성하는 것이 좋습니다. 능력 차가 크다면 직전 학기 학점, 학기 초 평가 등을 반영하는 방식도 있습니다. 수업시간 외에 만나는 프로젝트형 팀 학습의 경우는 주제와 관심사에 따라 선호도를 반영하여 구성해도 좋습니다. 단, 어떤 방식이든 소외되는 학생이 있는지 살펴볼 필요가 있습니다. 그리고 중요한 것은 팀이 일정 기간 운영되어야 한다는 것입니다. 소속감과 책무성이 필요하고, 평가와도 연결되어야 합니다.

**팀 빌딩**(team-building)은 '팀을 만드는 것'으로 좁은 의미로는 팀원과 신뢰를 쌓는 활동을 의미합니다. 주로 팀 구성 초기에 이루어지는 것으로 팀 빌딩 워크숍의 형태로도 진행됩니다. 팀 빌딩에서 주로 하는 활동으로는 자기소개에 이어 팀 이름과 팀 구호, 팀 규칙 등을 함께 정하는 것이며, 이를 통해 팀원 간 응집성과 일체감을 기를 수 있습니다. 지속적인 팀 활동이나 과제가 있는 경우 팀 빌딩은 도움이 되며, 이후 팀 학습에 대단히 중요한 기반이 됩니다. 팀 빌딩을 해 본 교수자들은 그 진가를 경험합니다. 짧게는 30분, 길면 한 시간, 팀 빌딩, 반드시 해 보세요!

**팀 규칙**(team ground rule)은 팀원이 지켜야 할 규칙으로 팀원 스스로 정합니다. 팀 빌딩에서 가장 중요한 활동이 바로 팀 규칙 정하기입니다. 팀 규칙은 구체적이고 긍정적인 표현을 권합니다. 활발하게 참여하기, 지각하면 벌금 내기보다는 1회 이상 의견 내기, 5분 전에 도착하기 등이 좋습니다. 학생들은 대단히 신중하게 팀 규칙을 정합니다. 수업시간 안에 이루어지는 팀 학습의 경우는 참여와 준비 정도를 정하지만, 수업 외 만나서 이루어지는 팀 학습은 연락과 역할 분담 등을 촘촘하게 정합니다. 따라서 어떠한 팀 학습이 이루어지는지 정확히 안내하여야 팀 규칙을 정할 수 있습니다. 팀원이 각자 3개씩 규칙을 제시하고,

상호 토의하여 3~5개를 정하게 하면 됩니다. 이렇게 팀원 스스로 정하는 팀 규칙은 구속력이 있습니다. 팀 활동에 적극적으로 참여하고 무임승차를 방지하는 효과가 있으니 팀 규칙을 정하는 시간을 반드시 주세요!

**팀 과제**는 팀이 토의하거나 해결하는 과제로 교수자가 만들어 제시합니다. 제한된 수업시간을 고려하여 학습목표와 관계 있는 핵심적인 팀 과제를 발굴하고, 팀 과제의 난이도와 양을 적절히 고려해야 합니다. 너무 어려운 과제, 이해하기 어려운 과제는 지양하고, 너무 쉬운 과제도 군이 팀 과제로 다룰 필요가 없습니다. 팀 과제는 학생들이 이해할 수 있도록 정확히 제시하고, 결과물과 발표의 형태에 대해서도 정확하게 안내하여 팀 학습이 효과적으로 진행될 수 있도록 합니다.

**팀 발표**는 팀 과제를 수행한 결과를 수업에서 발표하는 것으로 여러 가지 방식이 있습니다. 발표하는 방식에 대해서는 5장에서 설명한 것을 참고하기 바랍니다. 특히 팀 발표는 수업 중에 팀 학습의 결과물을 정리하고 공유하는 방식을 고민하고 가장 적절한 방식을 제시하여야 합니다. 화이트보드나 큰 종이에 함께 정리하면서 발표할 수도 있고, LMS나 구글닥스, 패들렛 등 온라인에 게시하는 방식도 있습니다. 시간 내에 효과적이고 효율적으로 발표하는 방법을 구안하여 적용하는 것은 팀 학습의 성패에 큰 요인이 됩니다.

**팀 성찰**은 팀 학습의 과정과 결과에 대한 성찰을 의미합니다. 팀에서 이루어지며, 팀 규칙의 준수에 대하여 성찰할 수도 있고, 팀 학습의 내용에 대하여 성찰할 수도 있습니다. 팀 규칙에 대해서는 우리 팀이 잘한 점, 개선·보완이 필요한 점을 간단히 쓰거나 말하게 하고, 우리 팀의 강점과 약점을 말하게 해도 됩니다. 팀 활동의 중반 정도에 이러한 팀 성찰을 하게 하고, 팀원 모두 1분씩 말할 수 있게 하면, 더 나은 팀 활동으로 나아갈 수 있는 환류가 가능합니다.

**기여도 평가**는 팀에 대한 개인의 기여 정도를 평가하는 것으로 주로 동료 평가라고 합니다. 기여도 평가에 대해서도 5장의 설명을 참고하기 바랍니다. 한 번 더 강조할 것은, 기여도 평가는 사후적 기능보다 사전적 기능, 즉 팀 학습에 기여하고자 하는 마음과 행동을 가져오게 하는 것이 중요합니다!

이 정도면 팀 학습의 비법이라 할 수 있을까요? 이런 요소들을 세심하게 고려하면서 수업을 운영하면 진정한 팀 학습의 경험을 맛볼 수 있습니다. 자세한 내용은 『**온라인 수업에서 팀 학습 어떻게 할까**』를 참고하세요!

# 다양한 팀 학습방법

팀 학습은 학생들이 협력하면서 상호작용을 통해 학습효과를 증진시키기 위한 소집단 형태의 수업방법입니다. 팀 학습의 구체적인 방법으로 토의, 토론, 실험과 실습, 롤 플레이, 조별 과제(집단탐구) 등이 있습니다.

첫째, **토의**(discussion)는 대표적인 팀 학습방법입니다. '팀 토의'는 주제를 두고 열린 대화를 하거나 문제를 해결하기 위한 과정입니다. 토의의 주제와 방식은 비구조화된 것에서부터 구조화된 것에 이르기까지 다양하며, 시간이나 인원도 다양합니다. 토의 준비, 토의 진행, 토의 정리의 순서로 이루어집니다. 어떤 주제에 대해 짝과 함께 의견을 개진하는 짝 토의, 1:1 인터뷰도 간단하면서 좋은 방식입니다. 교수자가 제기한 주제나 질문에 공개적으로 답하기는 어려워도, 짝과 나누는 토의는 쉽게 접근할 수 있습니다.

둘째, **토론**(debate)은 찬반이나 A 또는 B와 같이 입장을 가지고 하는 대화입니다. 토론은 입론과 반론 등 필수적인 요소가 있고, 경쟁 방식과 비경쟁 방식 등 여러 모델과 절차가 있습니다. 토론에 관심이 있고 본격적으로 도입하고자 한다면 관련되는 책을 찾아보기 바랍니다. 토의와 토론에 대한 자세한 내용은

『토의와 토론으로 수업하기』(학지사)를 추천합니다.

셋째, **실험**과 **실습**이 소집단으로 이루어지면 팀 학습으로 포함할 수 있습니다. 전공에 따라 실험과 실습의 성격과 활동은 다르지만, 일정 인원의 학생들이 함께 특정한 문제를 분석·해결하는 과정은 이공계 분야에서 자주 이루어지는 팀 학습입니다. 기기 실습이나 프로그램 실습 등을 조별로 운영한다면 이것도 팀 학습이며, 교수자의 실습에 대한 전문적인 지도와 지원이 동반되어야 합니다.

넷째, **롤 플레이**(role play)는 역할놀이 내지 역할극으로, '1인극'이 아닌 이상 여러 사람의 역할과 참여를 필요로 합니다. 예컨대, '교사의 학생 상담'을 롤 플레이 할 경우, 특정한 상담 상황을 제시하고 1명은 교사, 1명은 학생이 되어 상담을 해 보면서 상담기법을 배울 수 있습니다. 이 경우에는 4명이 한 팀이라면 2인 1조로 롤 플레이를 하고 이 과정을 서로 지켜보게 하면, 스스로 롤 플레이를 하면서 그리고 관찰하면서 학습이 더욱 촉진될 수 있습니다. 수업에서 특별한 역할을 직접 경험해 볼 만한 상황이 있다면 한번 시도해 보기 바랍니다.

다섯째, '**조별 과제**'로 불리는 팀 과제 수행은 가장 보편적으로 이루어지는 팀 학습방법으로, '집단탐구(group investigation)'로도 불립니다. 수업시간 외에 주로 과제의 형태로 이루어져 최종 발표 외에는 교수자가 직접 관리·지원하는 팀 학습이라고 보기는 어려우나, 현실적으로 가장 많이 이루어지고 있습니다. 학생들이 소집단을 이루어 공동의 관심 주제에 대해 주도적으로 자료를 수집·분석하여 결과를 도출해서 발표하는 방식이며, 교수자의 운영 방식에 따라 효과가 달라질 수 있습니다.

학생들이 주로 '**팀플**'이라고 부르는 방식은 '조별 과제'일 것이며, 수업시간 외에 만나서 하게 되는 조사, 연구, 발표 과제입니다. 팀플이 학생들의 원성이 가장 많은데, 왜 그럴까요? 역할 분담과 소통의 어려움, 수업 외에 만나는 부담감이 큽니다. 통상 1/N을 분담하여 자신의 몫만 수행하면 된다고 생각하는 조별 과제에 대한 매너리즘도 있으며, 오히려 제대로 공부가 되지 않는다는 반론도 있습니다. 그렇다면 수업 내에 해결하는 팀 학습을 해 볼 수도 있고, 무임승차와 떠맡기가 줄어들 수 있도록 하는 방법들(팀 빌딩, 팀 규칙, 팀 성찰, 기여도 평가 등)도 시도해 볼 수 있을 것 같습니다.

이 밖에도 다양한 팀 학습방법이 있습니다.

여기에서는 **토의** 방식의 예시를 한 가지 설명하고자 합니다. 앞서 5장에서 제시한 논술형 문제(p. 151 참조)를 살펴보기 바랍니다. 이것을 개인적으로 생각해 본 후(의견 작성 5분), 팀으로 토의하도록 합니다(토의내용 정리 15분). 자유 토의 후 팀 의견을 정리하거나, 다수결로 팀 의견을 먼저 정한 후 그 논리를 함께 만들도록 해도 됩니다. 찬성과 반대로 나누어 본격적인 **토론**을 시켜 볼 수도 있습니다. 문제풀이를 하는 경우에도 개인적으로 먼저 풀게 하고, 과정과 결과를 팀에서 함께 살펴보아도 되겠지요. 수업 중에 이런 팀 학습, 어렵지 않겠지요?

이제 본격적인 **팀 학습 모형**을 살펴볼까요?

대학과 초중등학교에서 활발하게 활용되는 방법은 프로젝트학습, 문제기반학습, 팀기반학습, 플립러닝, 액션러닝, 직소러닝 등이 있습니다. 개별적으로도 학습이 이루어지기도 하지만 주로 소집단을 구성하여 이루어지는 경우가 많기 때문에 팀 학습 모형으로 볼 수 있습니다.

각 모형의 주요 개념만 간단히 살펴보겠습니다. 관심 있는 모형은 좀 더 찾아보고 자신의 과목에 적절하게 적용하면 됩니다. 개념과 모형을 제대로 알면 올바른 적용과 변형이 가능하겠지요?

이 중에서 **최고의 교수법**이 있을까요?

최고의 교수법은…… 없습니다!

교수법마다 적합한 상황이 다르기 때문에 무엇이 최고라고 말할 수 없습니다. 다만, 적합한 상황에 맞는 모형은 추천할 수 있습니다. 예컨대, 학습할 개념과 이론이 많은 전공 기초와 개론 과목에는 사전학습 기반의 팀기반학습과 플립러닝, 전공의 심화와 적용이 중요한 과목에는 프로젝트 기반의 팀 학습이 적절합니다.

| 모형 | 개념 |
|---|---|
| **프로젝트학습**<br>(project-based<br>learning) | 실제 문제 또는 과제에 대한 집중적인 탐구와 결과물 개발 과정에서 학습자들이 지식과 기술을 학습하게 하는 교수학습방법 |
| **문제기반학습**<br>(problem-based<br>learning) | 구조화된 가상의 문제에 대하여 문제의 내용과 방법을 학습자 스스로 찾아가면서 문제를 해결하고, 그 과정에서 지식과 기술을 학습하게 하는 교수학습방법 |
| **액션러닝**<br>(action learning) | 학습자들이 팀을 구성하여 조직과 개인의 중요한 실제 과제를 협력적으로 해결하고, 과제를 해결하는 과정에서 역량을 실질적으로 구축하는 활동 |
| **팀기반학습**<br>(team-based<br>learning) | 문제 상황 속에서 개인의 사전학습과 팀 구성원 간의 상호작용을 통해 개인과 팀의 성과를 극대화하기 위해 구조화된 교수전략 |
| **플립러닝**<br>(flipped learning) | 기존의 전달식 강의 수업 후 과제 수행 방식과 반대로, 학습자가 수업 전에 사전학습을 하고, 수업 중에 심화된 학습활동을 경험하는 학습자 중심의 자기주도적 수업방식 |
| **직소러닝**<br>(jigsaw learning) | 학습내용을 나누어 팀원이 각자 한 부분을 학습하고, 같은 내용끼리 모여 심화학습을 한 후 각자의 팀에 돌아가 설명하는 학습방식(전문가 학습) |

여기에서는 사전학습 기반 팀 학습과 프로젝트 기반 팀 학습을 간단히 소개하고자 합니다. 앞에서 제시한 모형 중 팀기반학습과 플립러닝은 사전학습 기반 팀 학습, 프로젝트학습과 액션러닝은 프로젝트 기반 팀 학습에 해당합니다. 자신의 분야에 적합하고 관심이 있는 모형이 무엇인지 확인하고 관심 있는 방법은 좀 더 자세히 알아보고 적용하기 바랍니다.

## 사전학습 기반 팀 학습: 팀기반학습과 플립러닝

이런 수업 어떨까요?

- 학생들이 준비된 상태에서 강의실에 온다.
- 학습량이 많고, 배운 것을 잘 적용한다.
- 팀 활동은 수업시간 안에 이루어진다.
- 팀 활동에서 무임승차 하는 학생이 거의 없다.
- 학생들이 졸지 않고, 지각하지 않는다.
- 강의평가 결과를 받고 좌절하지 않는다.

팀기반학습이 가져오는 놀라운 결과입니다!

사전학습, 즉 예습을 기반으로 하는 팀 학습 모형의 하나입니다.

**사전학습 기반 팀 학습**으로 팀기반학습과 플립러닝을 소개합니다. 제대로 배우고 함께 성장하는 교육방법으로 강력 추천하는 방법이고, 온라인과 오프라인 수업 모두에서 활용할 수 있는 방법이기도 합니다. 팀기반학습은 대학에서, 플립러닝은 고등학교에서 출발한 사전학습 모형입니다. 2010년대 중반부터 플립러닝이 대유행을 하고 있는데, 출발은 팀기반학습이 조금 앞서 있습니다.

그런데 과연 학생들은 **사전학습**을 할까요? 그것이 가장 큰 관건일 겁니다. 예습의 효과가 높다고 하는데 정작 예습을 제대로 해 본 경험은 많지 않습니다. 학생들에게 예습해 오라고 해도 잘 안 해 옵니다. 왜 그럴까요? 보통 이러한 이유 때문일 겁니다. 예습을 했으나 처음부터 끝까지 다 가르쳐 준다, 예습하고자 해도 분량이 너무 많거나 어렵다, 예습한 내용이 수업에서 다루어지거나 활용되지 않는다, 예습한 학생과 하지 않은 학생이 구별되지 않는다 등입니다.

그렇다면 이를 감안하여 수업을 운영하면 되지 않을까요? 예습을 하라고 했으면, 수업 중에 처음부터 끝까지 가르치지 않는다, 적절한 예습자료를 선정하거나 제공한다, 예습한 내용을 수업에서 다루거나 활용한다, 예습한 학생을 확인한다 등입니다. 사전학습은 학생의 학습 준비도를 높이고, 수업시간에 몰입하고 높은 수준의 학습을 할 수 있도록 합니다. 기억과 이해를 위한 지식은 스스로 공부하고, 이를 다지고 심화, 적용하는 것은 교수자의 도움을 받도록 하는 것입니다.

사전학습 기반 팀 학습 모형인 팀기반학습과 플립러닝의 특징을 살펴볼까요? 공통점과 함께 차이도 있습니다.

첫째, 사전학습을 기반으로 합니다.

팀기반학습은 읽기 자료, 플립러닝은 동영상 강의를 기본으로 구안되었습니다. 제가 볼 때, 팀기반학습이든 플립러닝이든 동영상도 좋고 교재도 좋습니다. 지식의 이해를 위한 적절한 자료를 제작 혹은 선정하여 효과적인 사전학습을 위해 제공하고 사전학습 여부를 확인하면 됩니다.

둘째, 만나서 무엇을 하느냐가 중요합니다.

지식의 적용을 위한 활동으로 미니강의, 퀴즈, 토의, 팀 학습 등을 하게 됩니다. 그런데 팀기반학습은 학습 준비도 평가가 필수이며, 동일한 문제로 개인 평가, 팀 평가를 실시하도록 하고 있습니다. 플립러닝은 퀴즈가 필수는 아닙니다. 그 점에서 원격교육 상황에서는 플립러닝이 활용되기가 용이하고 효과적입니다. 또한 팀기반학습은 팀으로 문제 해결이 반드시 필요하고, 플립러닝은 개인 활동, 팀 활동 모두 가능합니다.

비슷하지만 약간의 차이가 있는 두 방법, 좀 더 알아보고자 한다면 다음 책을 추천합니다. **팀기반학습**은 1970년대 말 미국의 경영학과 교수 미켈슨(Michaelson)이 대규모 강의에 적합한 참여 수업 방법으로 시도하였고 교육학자의 도움으로 하나의 교수모형으로 발전하였습니다. 의과대학 등 많은 대학에서 팀기반학습을 하고 있습니다. **플립러닝**은 미국의 과학교사인 버그만(Bergman)과 샘즈(Sams)가 『당신의 수업을 뒤집어라(Flip your classroom)』를 출간하고 플립러닝(flipped learning)으로 발전시켰습니다. 우리나라에서는 초·중등학교에 이어, 대학이 더 많이 플립러닝을 하고 있는 상황입니다.

먼저, **팀기반학습**의 개념부터 살펴보겠습니다. 주창자인 미켈슨 교수의 정의를 인용합니다. "문제 상황 속에서 개인의 사전학습과 팀 구성원 간 상호작용을 통해 개인과 팀의 성과를 극대화하기 위한 구조화된 교수전략"이 팀기반학습입니다.[4]

팀기반학습이라고 하면 '팀을 짜서 하는 수업'이라고 생각할 수 있는데 그렇지 않습니다. 팀으로 하는 수업은 '팀 학습'이라고 총칭하고, 팀기반학습은 특정한 모형이 있는 팀 학습입니다. 즉, 팀 학습이 넓은 개념이며, 팀기반학습을 포함합니다.

팀기반학습의 원리를 살펴보겠습니다. 집단이 제대로 구성되고 잘 관리되어야 한다, 학습자는 개인 과제와 집단 과제에 책무성을 지녀야 한다, 학습자들에게 피드백을 자주 시의적절하게 제공해야 한다, 팀 학습활동은 학습과 함께 팀의 개발도 촉진시켜야 한다 등입니다. 팀의 구성과 관리, 학습자의 책무성, 피드백과 팀 개발의 중요성 등을 잘 기억해 두기 바랍니다.

팀기반학습의 단계는 크게 수업 전과 수업으로 나뉩니다. 수업 전에 학습자는 사전학습을 하고 수업에 참여하고, 수업 중에 준비도 확인과 팀 문제 해결이 이루어집니다. 사전학습을 통해 교수자의 강의를 줄이고, 적용과 심화의 시간을 확보하는 것이 큰 특징입니다.

사전학습은 읽기 과제로 제시되었는데 이 방법이 처음 고안된 1970년대는 텍스트 자료 외에는 생각하기 어려웠을 것이고 이제는 동영상 자료도 가능해졌습니다. 그것을 반영한 것이 플립러닝이라고 볼 수 있습니다. 플립러닝도 반드시 동영상 자료만 사전학습 자료로 생각하는 것은 아닙니다. 학습자의 부담을 감안하여 20분 내외의 동영상을 추천했다고 봅니다. 비대면 원격교육 상황이 전개되면서 다시 주목을 받게 되었던 것이지요. 저는 '잘 만들어진 교재'도 추천합니다. 그리고 사전학습을 돕기 위한 학습자료 가이드 제공도 동의합니다.

| 수업 전 | 수업 중 | |
|---|---|---|
| 사전학습 | 준비도 확인 | 문제 해결 |
| 읽기 과제<br><br>(개별 학습) | 개인/팀 평가<br>팀별 이의제기<br>피드백/보충강의 | 팀 토의<br>피드백<br>동료 평가 |

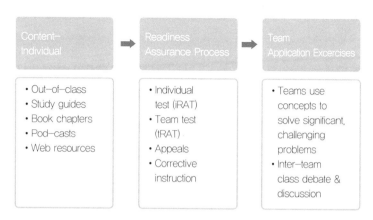

준비도 확인은 팀기반학습에서 매우 강조하는 것으로 **학습 준비도 평가**를 반드시 실시하도록 하고 있습니다. 일명 예습 퀴즈인데, 바로 이 부분이 놀라운 학습효과를 가져옵니다. 아무래도 공부한 것을 평가하게 되면 더 열심히 공부하게 되지요. 의대에서 PBL도 하지만 TBL을 열심히 하는 것은 이런 부분이 작용합니다. 그리고 학습 준비도 평가를 한 번 보고 끝내는 것이 아니라 두 번 본다는 점이 중요합니다. 어떻게 두 번일까요? 한 번은 개인 시험으로, 한 번은 팀 시험으로 보는 겁니다. 같은

시험을 두 번 본다, 이 부분도 대단한 효과를 가져옵니다. 함께 문제를 풀면서 정답과 오답을 자연스럽게 확인하고, 다양한 관점도 확인하게 됩니다. 문제 수는 5~10개, 많으면 15개도 가능하고, 10분 이내에 풀 수 있는 수준을 권합니다. 중요하고 기본적인 내용을 진위형·선택형 문제로 출제하고 곧바로 결과를 확인합니다. 평가가 끝난 후에는 문제에 이의가 있는지 확인합니다.

학습 준비도 평가 후 보충강의를 합니다. 예습하고 시험 봤다고 다 아는 건 아니지요. 그러나 예습을 하고 시험도 두 번 보았기 때문에 세 시간 동안 설명해도 모자랄 내용을 한 시간만 다뤄도 됩니다. 강조하고 싶은 중요한 내용, 좀 더 깊게 알아야 할 내용을 압축해서 설명하면 됩니다. 수업의 질이 높아지고, 팀 학습을 할 수 있는 시간도 확보할 수 있게 됩니다.

다음은 **문제 해결** 단계로, 팀기반학습의 꽃입니다. 앞의 과정에서 지식의 이해를 충분히 했다면, 이제 지식의 적용을 할 수 있는 과정입니다. 앞서 공부한 내용을 바탕으로 하여 팀으로 여러 사람이 함께 토의하고 해결할 만한 과제들을 제시하고 그것을 팀 학습으로 함께 결과를 도출하도록 합니다. 적절한 과제, 동일한 과제, 동시 발표가 필요합니다. 다음 과제는 예시이며, 사전학습과 보충강의 후 팀 과제로 부여했던 실제 과제입니다. 교재를 참고할 수 있고, 20~30분 정도 팀 활동 후 동시발표

## 학습 준비도 평가: 학교조직

팀(       ) 이름(       )

※ 참과 거짓에 O, X를 표시하거나(좀 더 가까운 것), (   ) 안에 정답을 쓰세요(가장 가까운 것).

| 1 | 공식조직은 과학적 관리론, 비공식조직은 인간관계론과 관련이 높다. | O | X |
|---|---|---|---|
| 2 | 참모조직은 계선조직이 원활하게 목적 달성을 하도록 지원·보조해 주는 조직이다. | O | X |
| 3 | 학교의 관료적 성격은 학교 행정보다 교사의 교육활동에서 좀 더 분명하게 나타난다. | O | X |

4. 다음 중 '조직'이 기본적으로 갖추는 속성과 가장 거리가 먼 것은? (   )
　① 공동의 목표　　② 규정과 규칙　　③ 활발한 팀 학습　　④ 구성원 간 상호 협력

5. 다음은 학교에 존재하는 조직의 명칭이다. 이것은 어떠한 조직의 예인가? (   )

| • 남교사회 | • 등산동호회 | • 충남대학교 동문모임 |
|---|---|---|

　① 공식조직　　② 비공식조직　　③ 계선조직　　④ 참모조직

6. 관료제의 특징 중 '계속성과 통일성'이라는 순기능을 가져오지만, 한편으로는 '경직성과 본
　말전도'의 역기능을 낳을 수도 있는 것은? (   )
　① 분업과 전문화　　② 불안정성　　③ 권위의 계층　　④ 규정과 규칙

7. '이완결합체제(loosely coupled system)'의 가장 핵심적인 특징은? (   )
　① 실적주의　　② 학습에 초점　　③ 구조적 느슨함　　④ 행정의 통일성

8. '조직화된 무정부(organized anarchy)'의 특성과 가장 거리가 먼 것은? (   )
　① 권위의 계층　　② 목표의 모호성　　③ 유동적 참여　　④ 불분명한 기술

9. 다음 중 학교를 설명하는 특정한 하나의 조직이론에 묶이지 않는 것은? (   )
　① 개인적 숙련　　② 정신 모델　　③ 비전의 공유　　④ 분업과 전문화

10. 다음은 무엇의 예인가? (   )

| • 우리 학교는 70년대 공업인력 양성을 위하여 전국에서 최초로 공업교육대학이 설립되었다.<br>• 우리 학교의 대강당은 평생 김밥을 팔아 재산을 모은 할머니의 기부로 건립되었다.<br>• 우리 학교는 전통적으로 선후배 관계가 끈끈하고 지역사회에서 평판이 높다. |
|---|

　① 스토리(stories)　　② 삽화(icons)　　③ 의식(rituals)　　④ 의례(rites)

## ▪ 문제 해결 과제 예시: 교육행정학 ▪

| 주제 | 팀 과제 |
|---|---|
| 학교조직 | 다음은 학교조직을 설명하는 대표적인 조직이론이다.<br><br>A. 관료제(bureaucracy)<br>B. 조직화된 무질서(organized anarchy)<br>C. 느슨하게 결합된 체제(loosely coupled system)<br>D. 학습조직(learning organization)<br><br>한국 중학교 조직(현실)의 구조 내지 성격을 가장 잘 설명한다고 생각하는 ① 이론이 무엇인지 정하고, ② 그 이유가 되는 구체적인 근거(세 가지)를 들어 보시오.<br><br>※ 평가기준: 현실의 설명력 높은 이론 찾기/이론과 예 결합하기 |
| 교육정책 | 다음은 의사결정 모형의 대표적인 예다.<br><br>– 합리 / 만족 / 점증 / 혼합 / 최적 / 쓰레기통 모형<br><br>○○대학 ○○과 학생회에서 춘계 MT의 '테마'와 '장소'를 결정함에 있어서 어떠한 의사결정 모형이 주로 이루어질까?<br>① 실제 일어날 가능성이 높은 모형 1개를 선택하고, ② 그 구체적인 사례(상황)를 함께 만들어 보시오.<br><br>※ 평가기준: 이론의 정확한 이해, 실제성 |
| 종합 | 한국의 교사들은 입직 단계에서는 우수하나 교직 생애를 거쳐 역량 개발이 부족하다는 문제점을 가지고 있다. 어떻게 하면 현직교사들이 계속적으로 전문성을 개발할 수 있도록 할 수 있을까?<br><br>지금까지 공부한 ① 이론들(교육행정이론, 리더십론, 동기론, 장학론 등) 중 하나 또는 여러 개를 활용하여, ② 전문성 개발 아이디어를 함께 개발하시오.<br><br>※ 평가기준: 이론의 적용, 효과성, 참신성 |

하였습니다. 전공에 따라 과제의 형식과 소요 시간은 다양하겠지요?

팀기반학습의 효과는 무엇일까요?

지식의 이해와 적용, 개인 학습과 팀 학습, 학습 준비와 몰입. 이를 통해 인지적인 측면과 정의적인 측면에서 학습 성과가 높아지게 됩니다. 팀기반학습의 효과를 측정하고 분석한 다수의 연구들에서 확인할 수 있습니다.

팀기반학습은 왜 효과적일까요? 다음과 같은 장치들이 있어서입니다. 사전학습과 준비도 확인을 통해 지식의 이해가 촉진되고, 팀 문제 해결을 통해 지식의 적용이 촉진됩니다. 수업 내에 팀 학습이 이루어지므로 무임승차자가 줄고, 팀 학습, 동료평가, 자기성찰을 통해 학습에 대한 책무성이 제고됩니다.

팀기반학습의 설계는 3학점 강의의 경우, ① 준비도 확인 2시간+팀 문제 해결 1시간, ② 준비도 확인 1.5시간+팀 문제 해결 1.5시간, ③ 준비도 확인 3시간+팀 문제 해결 3시간으로 2주 단위로 운영하는 방법 등이 있겠습니다.

팀기반학습을 적용한 대학 강의의 효과적인 교수전략을 정리해 보면 5~7명의 이질적인 집단의 팀 구성, 수업시간 내에 도전적으로 해결할 수 있는 문제 발굴, 문제 해결 과정 중에 효과적인 의사결정 지원, 교수자의 적극적인 지원과 관심입니다.

이번에는 **플립러닝**을 살펴볼까요?

플립러닝의 문제의식을 먼저 살펴봅니다.

"학생들이 출석하지 않고도 모든 강의를 들을 수 있다면 수업 시간은 무슨 가치가 있을까?" "학생들이 교사와 함께 있을 때 진짜로 필요로 하는 것은 무엇일까?"

그리고 정말 중요한 질문은 이것입니다.[5]

"학생들과 마주하는 시간을 가장 잘 활용하는 방법은 무엇일까?"

바로 이것이 핵심입니다. 동영상 시청과 사전학습으로 유명하지만, 실제로는 학생의 학습을 이끌어 주는 것이 매우 중요합니다. 능력에 맞는 개별화 학습을 중시한다는 점도 중요합니다.

플립러닝의 정의를 다음과 같이 정리해 보았습니다. '기존의 전달식 강의 수업 후 과제 수행 방식과 반대로 학습자가 수업 전에 사전학습을 하고, 수업 중에 심화된 학습활동을 경험하는 학습자 중심의 자기주도적 수업 방식'이 플립러닝입니다.

일반적인 수업이 수업에서 배우고 개인적으로 과제를 수행하는 것이라면 플립러닝은 이를 뒤집어서 먼저 학습하고 과제에 해당하는 것을 교실에서 하는 방식입니다.

## ■ 플립러닝의 수업방식 ■

**일반 수업**

내용 이해
(수업)

심화학습
(개인 과제)

In Class

내용 이해
(사전학습)

심화학습
(토의, 예제, 실험, 실습,
제작, 프로젝트 등)

**플립러닝**

플립러닝을 적용한 **교직실무** 수업을 온라인 수업으로 운영한 사례를 살펴보겠습니다. 사전학습으로 교재를 사용했지만 교수자가 제작한 동영상도 가능합니다.

반응은 어땠을까요?

온라인 수업에서도 사전학습 기반 팀 학습이 가능하고 효과적임을 확인할 수 있었습니다!

<교직실무> 2학점 교직 수업

• 사전학습: 지식의 이해
  – 교재 1챕터 읽고 자율 요약, 소감과 질문 덧글 달기

• 온라인 실시간 학습: 지식의 심화와 적용
  – 1시간 사전학습 확인, 미니강의
  – 1시간 팀 학습(팀 과제 1개 또는 2개 해결), 정리

• 학기 운영
  –1~3주: 기초 강의
  –4주: 팀 구성 및 팀 빌딩
  –5~14주: 플립러닝 적용 수업
  –15주: 기여도 평가, 시험, 정리

어떤 수업에서 팀기반학습, 플립러닝과 같은 사전학습 기반 팀 학습이 효과적일까요? 학습할 개념과 이론, 학습량이 많은 과목의 경우에 적합합니다. 전공 기초, 개론 과목들에 해당하지요. 상당수의 수업이 해당됩니다.

두 모형은 매우 유사한데, 학습효과에 대한 메타분석 연구에서는 플립러닝보다 팀기반학습이 좀 더 효과가 크게 나타났다고 분석되기도 하였습니다.[6] 그러나 학습 준비도 평가를 완벽하게 관리하기 어려운 비대면 수업 상황에서는 플립러닝이 적합한 수업 모형임을 경험적으로 확인할 수 있었고, 대면 수업에서도 역시 플립러닝을 효과적으로 적용하고 있습니다.

이 모형들은 학생들에게는 사전학습 자체가 부담이고, 실제로 많은 시간과 노력을 투입하기 때문에 이를 감안하여 수업을 운영하고 적절한 학습량과 과제를 부과할 필요가 있습니다. 동영상 콘텐츠를 사전학습하게 한다면 시수를 인정해 줄 수도 있겠지요. 또한 다양한 심화·적용 과제와 활동을 발굴하여 수업 중에 적절하게 운영하고 효과적으로 피드백하는 노력, 학습 내용과 결과에 대한 개인차를 감안하고 맞춤형 교육을 시도해 보는 노력이 더욱 필요합니다.

예습의 마법! 수업 내 이루어지는 팀 학습!

사전학습 기반 팀 학습을 통해 '제대로 공부하고 함께 성장하는' 경험을 제공하고 지원해 보기 바랍니다.

## 프로젝트 기반 팀 학습: 프로젝트학습

창의성과 문제해결 능력을 키우는 수업!

수고한 만큼 거두는 성취와 보람!

프로젝트를 통한 수업에서 가능합니다. **프로젝트 기반 팀 학습**은 팀 프로젝트가 중심이 되는 팀 학습입니다. 프로젝트는 개인과 팀 모두 가능합니다. 팀에서 프로젝트를 수행할 경우는 비교적 장기간에 걸쳐 수행하는 방식이 일반적입니다. 개인적으로 하기 어려운 복합적인 프로젝트이거나 큰 규모의 프로젝트가 많습니다.

　팀 프로젝트는 수업시간 외에도 시간을 할애하는 경우가 많아서 부담이 되기도 합니다. 무언가를 만들지만 그 과정도, 결과도 만족스럽지 못한 경우도 있을 수 있습니다. 여러 사람의 협업은 역시 쉽지 않습니다. 그러나 적절한 설계와 운영, 섬세한 지원이 이루어진다면 분명 효과가 큰 팀 학습입니다. 창의성과 문제 해결 능력에 더하여 의사소통, 갈등관리, 팀 리더십이 키워집니다. 물론 좋은 팀 학습이 이루어져야 가능하지요!

　**프로젝트학습**은 범위가 넓고 다양한 정의가 존재합니다. 프로젝트학습의 정의를 옮겨 봅니다. "실제 문제 또는 과제에 대한 집중적인 탐구와 결과물 개발 과정에서 학습자들이 지식과 기술을 학습하게 하는 교수학습방법"이 프로젝트학습입니다.[7]

　학생들이 수행하는 프로젝트의 범위와 형태도 매우 다양합니다. 최근 연구된 **프로젝트 유형** 분류를 살펴볼까요? 다양한 학습 유형과 프로젝트 유형을 참고할 수 있습니다. 특정 주제나 질문에 대한 자료를 수집하고 해당 내용을 탐구하고 실험하여 그 결과를 제시하는 연구형, 특정 주제나 질문에 대한 조사 및 연구 결과를 말, 글, 동작 등으로 제시하는 제시형, 특정 주제나 질문에 대한 조사·연구 결과 및 아이디어를 구체적인 결과물, 실체화된 계획으로 제시하는 창조형, 질문에 대한 답을 제시 또는 실행

■ 프로젝트 유형 분류체계 구성요소[8] ■

조사　실천
실험　　　　　문제
　　　　　　　해결
탐구　**연구형**　**실행형**　경험
　　　**제시형**　**창조형**　설계
표현　　　　　　　　　개발
논쟁　　제작

| 프로젝트 유형 | | | |
|---|---|---|---|
| **연구형**<br>(Research) | 특정 주제나 질문에 대한 자료를 수집하고 해당 내용을 탐구하고 실험하여 그 결과를 제시하는 프로젝트 | 조사 | 특정 주제와 관련된 다양한 자료를 수집, 분석, 정리하는 프로젝트 |
| | | 실험 | 특정 주제, 현상 등을 관찰 · 측정 · 작동하는 활동이 이루어지는 프로젝트 |
| | | 탐구 | 특정 주제를 깊이 있게 분석하고 필요한 내용을 찾아 탐색하는 프로젝트 |
| **제시형**<br>(Show) | 특정 주제/질문에 대한 조사 및 연구 결과를 말, 글, 동작 등으로 표현/제시하는 프로젝트 | 표현 | 특정 주제에 대한 생각/느낌 등을 언어, 몸짓 등으로 표현하는 프로젝트 |
| | | 논쟁 | 주제에 대한 자신의 주장을 말이나 글로 제시하는 프로젝트 |
| **창조형**<br>(Creation) | 특정 주제/질문에 대한 조사 · 연구 결과 및 아이디어를 구체적인 결과물, 실체화된 계획으로 제시하는 프로젝트 | 제작 | 재료로 기능과 내용을 가진 물건, 작품 등의 결과물을 만드는 프로젝트 |
| | | 설계 개발 | 목적과 필요에 부합한 기능을 새로운 아이디어를 토대로 계획하고 실체화하는 프로젝트 |
| **실행형**<br>(Action) | 질문에 대한 답을 제시 또는 실행하는 프로젝트와 실제 경험과 실천이 이루어지는 프로젝트 | 경험 | 실제로 해 보거나 겪어 보는 과정에서 지식과 기능을 학습하는 프로젝트 |
| | | 문제 해결 | 어려운 질문에 대한 답을 제시 또는 실행하는 프로젝트 |
| | | 실천 | 가치, 역할, 일을 실제로 실천하는 프로젝트 |

하거나 실제 경험과 실천이 이루어지는 실행형 중 어떤 것을 하고 있거나 관심이 있나요?

**프로젝트 기반 팀 학습**의 설계와 운영 방식을 살펴보겠습니다.

전체 15주 수업 중 프로젝트학습에 할당하는 기간은 3~5주(20~30%), 7~8주(절반), 9~10주(60~70%), 전체(100%) 등 다양하게 정합니다. 프로젝트를 수행하는 기간은 대체로 일정한 학습이 이루어진 후 수업의 후반에 배치하는 경우가 많습니다. 수업의 구성을 전반부는 지식의 이해, 후반부는 지식의 적용과 창조로 구성하여, 프로젝트학습을 중간고사 이후 기간에 적용하는 경우가 많습니다. 한 학기 수업에서 100% 프로젝트학습을 하는 경우도 있는데, **캡스톤디자인** 수업(캡스톤 프로젝트)이 해당됩니다. 공학교육인증제도를 통해 확산된 수업 방식이며, 참고로 캡스톤(capstone)은 건축물 모퉁이의 머릿돌을 의미합니다. 즉, 전공 교육의 완성 차원에서 의미 있는 결과물을 스스로 만들면서 배우는 수업이 캡스톤 디자인입니다.

**과제**는 모든 팀이 동일한 과제를 수행하는 방식과 각 팀이 다른 과제를 수행하는 방식이 있습니다. 후자의 경우, 대주제는 동일하고 팀마다 세부과제가 있는 경우가 대부분입니다. 예를 들면, '창의적 교수법'이라는 대주제로 각 팀에서 문제기반학습, 플립러닝, 영화 제작 등 관심 있는 주제를 정하는 것이지요. 팀에서는 모든 팀원이 같은 과제를 수행하는 방식(single project,

동일 과제)과 팀원이 다른 과제(open project, 개별 과제)를 수행하는 방식이 있습니다. 후자의 예로, 플립러닝을 적용한 수업지도안 개발이라는 주제로 팀원이 각자 국어, 수학, 사회 등 교과를 달리하여 수업지도안을 만들 수 있습니다.

조사 혹은 해결해야 할 과제 혹은 문제는 교수자가 부여하거나 학습자가 선정하게 됩니다. 교수자가 구체적인 과제를 부여할 수도 있고, 큰 범위나 주제를 주고 그 안에서 팀이 선정할 수도 있습니다. 교수자가 외부자의 요구를 반영하여 과제를 연계할 수도 있습니다.

프로젝트학습의 일반적인 절차는, ① 과제의 부여/선정 및 팀 빌딩, ② 팀 활동 진행, ③ 중간 발표 및 피드백, ④ 팀 활동 진행, ⑤ 최종 발표 및 평가로 진행됩니다. 프로젝트에 따라 필요한 팀 활동이 있습니다. 과제의 부여 혹은 선정 후 팀 빌딩을 하고, 팀 활동을 진행합니다. 중간과정에서 발표와 점검을 통해 질 제고와 방향 조언이 필요합니다. 프로젝트학습의 전체 운영기간을 고려하여 절차를 적절히 배치하고, 강의실 밖에서 이루어지는 경우에도 수업시간에 점검이 될 수 있도록 하는 것이 중요합니다.

프로젝트 기반 팀 학습의 사례로, 액션러닝을 적용하여 지역사회 연계 프로젝트를 수행한 사례를 소개합니다. **액션러닝**은 "학습자들이 팀을 구성하여 조직과 개인의 실제 과제를 협력적으로 해결하고, 과제를 해결하는 과정에서 역량을 실질적으로 구축하는 활동"으로, 과제를 해결하면서(Action) 배우는 (Learning) 교육방법입니다.[9] 일종의 실행형 프로젝트로 볼 수 있으며, 최근 대학에서 중시하는 지역사회 연계 교육이라는 점에서도 의미가 있습니다.

---

〈교육학교육론〉 3학점 전공 수업

- 목표: 교육학의 이해 증진, 교육학을 통한 사회 기여
- 초점: 교육학의 현장 적용 경험, 팀 학습
- 활동: 지역사회 연계 프로젝트(실행형)
- 과제: 지역 학교와 교육청에서 의뢰한 과제를 팀별로 수행
- 운영: 수업 후반부 6주간 운영(팀원 3~5명, 4개 과제)
- 지원: 대학 내 지역사회 혁신교과목 선정(절대평가, 지원금)

---

팀이 수행한 과제는 다음과 같습니다. 교수자가 지역사회 멘토를 섭외하고 상호 협의하여 과제를 부여하였는데, 학생들이 스스로 과제를 선정하는 것도 가능합니다. 학생들에게 희망 순위를 받아 1~2순위 안에서 과제를 배정하였고, 학생들은 다양한 경험과 실천을 하였습니다. 이 수업도 온라인으로 했던 팀 프로젝트! 대표적인 팀 학습 모형인 프로젝트학습도 온라인, 오프라인 모두 가능합니다. 역시 교수자의 역할이 중요하고 팀 학습 지원 전략이 필요합니다. 수업에서 경험할 중요한 프로젝트의 선정과 지원, 분명 의미 있는 학습 경험과 성장을 가져올 것입니다.

■ 지역사회 연계 프로젝트의 과제 ■

| 기관/멘토 | 기관 현황 및 과제 배경 | 과제 |
|---|---|---|
| ○○중학교 (연구부장) | • 혁신학교 운영 4년차<br>• 자유학년제를 맞아 지역사회 체험 프로그램 운영의 필요성 | 자유학년제에서 활용할 수 있는 ○○구 역사문화탐방 프로그램을 개발하여 활동지 제작 |
| ○○고등학교 (교장) | • 고교학점제 연구학교 2년차<br>• 고교학점제에 대한 이해가 아직 부족하여 정확한 이해의 필요성 | 학생, 학부모, 교사, 일반인 등을 대상으로 하는 고교학점에 길라잡이 동영상과 카드뉴스 제작 |
| ○○교육청 (장학사) | • 교육청에서 개최하는 ○○미래교육박람회 원탁회의 주제로 '독서교육' 선정<br>• 자료 제작 준비와 대학생 의견의 필요성 | 원탁회의 발표자료 제작 및 원탁회의 토론에 참여하여 대학생 의견 개진 |
| ○○연구소 (파견교사) | • 교육청 소속 교육정책연구소 개소 2년차<br>• 학생 정책 모니터링단 구성 및 개별 정책제안서 작성의 질 제고 도움의 필요성 | 고등학교 정책 모니터링단 (30명)의 정책제안서 피드백 및 토론회 참여 |

다음 사례는 **영화 제작** 프로젝트입니다. 이 내용은 3장의 강의계획서 작성에서 언급한 바 있습니다. 2장에서 언급한 'Involve me'를 기억하시나요? 이 문구를 소개한 서울대학교 진동섭 교수의 시도를 적용하게 된 것입니다.[10] **종합예술**인 영화는 교육의 본질과 가깝고, 대학에서 해 볼 수 있는 가장 창의적인 프로

## ▪ 학생들이 만든 포스터와 영화 개요(2022) ▪

**교사가 뭐길래 (세대통합팀)**　　　　　**짝사랑 (5T팀)**

---

### 학생들이 만든 영화 개요

[시놉시스]

나는 교사가 싫었다. 교사가 노력한다고 해서 학생들이 바뀔까? 교사인 엄마를 사고뭉치 제자에게 빼앗긴 거 같아 서러운 김 쌤. 교사라는 직업과는 멀어지는 것 같아 보이는데…… 콩 심은 데 콩 나고 팥 심은 데 팥 난다는데, 좋은 선생님 심은 곳에는?

[기획의도]

학교 현장 속 교사들은 학생들을 지도하는 과정에서 마음대로 움직여 주지 않는 학생들로 인하여 큰 상실을 겪는다. 이와 같은 상실은 대부분 본인의 지도가 학생에게 올바르게 영향을 미치고 있는 것인지에 대한 의문에서 온다. 그러나 결국 교사의 노력은 학생에게 닿아 학생을 변화시킨다. 좋은 교사에게서 좋은 교사가 나고. 이것은 선순환이 되어 또 다른 좋은 교사를 낳는다.

[시놉시스]

초임교사 서현은 좋은 선생님이 되겠다는 당찬 포부를 가지고 교직 생활을 시작했지만 상상과 다른 현실 앞에서 좌절한다. 마음 편했던 학창 시절이 그리워 눈물을 훔치다 잠이 든 서현. 눈을 떠 보니 학생이 되었다! 그리고 가장 존경했던 담임선생님이 눈앞에!

[기획의도]

초임교사들은 학생으로 12년 넘게 학교에서 살았음에도 교사로 마주하는 학교가 새롭다고 말한다. 모든 학생들을 사랑하는 마음으로 교단에 섰는데 왜 학생은 교사를 사랑하지 않는지 알다가도 모를 노릇이다. 초임교사의 고민을 짝사랑에 비유하여 소통의 중요성을 말하고자 하였다. 초임교사의 길을 걸어갈 당신이 소통으로 제자의 마음을 읽어 줄 수 있는 교사가 되기 바란다.

---

젝트라 생각했습니다.[11] 그리고 영화 제작에 적합한 성격의 과목이 교사론이었습니다.

2013년부터 교육학과 교사론 전공 수업에서 영화를 제작하고, 2022년부터는 유튜브로도 공개하고 있습니다. '충남대 교사론 영화'로 검색해 보세요! 지역사회 혁신교과목으로 지원받아 지역 내 영화교육전문가(초등교사)의 도움도 받아 시나리오와 편집본의 완성도를 높였습니다. 지역의 초중고 학생 영화제에 앞으로는 초청작으로 출품하기로 하였으니 지역사회 연계가 더욱 강화될 듯합니다.

**영화 제작** 프로젝트 수업은 다음과 같은 점이 중요합니다.

첫째, 영화를 제작하는 분명한 목적이 있어야 합니다.

'영화를 만드는 수업'이 아니라 '영화를 만들면서 배우는 수업'입니다. 영화를 제작함으로써 무엇을 얻고자 하는지 분명한 이유가 있어야 합니다. 영화는 목적이 아니라 수단입니다. 영화라는 종합예술을 통해 창의성과 표현력을 발현하는 것이 필요하고 적절한 과목에 적합합니다. 교사론의 경우 '교사와 교직에 대한 창의적 문제의식을 표현하는 능력을 함양한다.'는 목표가 있으며, 그것이 영화 제작과 연결되었습니다.

둘째, 과목이 영화 제작에 적합한 특성이 있어야 합니다.

교사론은 교직과 교사의 현실과 이상을 구체적으로 이해하는 것이 중요하고, 이론적 학습이 대단히 요구되지는 않기에 적합하다고 판단했습니다. 영화는 쉽지 않은 프로젝트이며 매우 도전적인 과제입니다. 과목 특성이 영화 제작 프로젝트에 적합한지 검토할 필요가 있습니다. 아이디어를 드리면, 전공과 관련된 '직업인'에 대한 과목이 있다면 추천할 수 있을 것 같습니다. 공무원, 회사원, 경찰, 간호사, 디자이너…… 대부분의 직업이 해당하지 않을까요?

셋째, 내용 강의와 영화 제작에 수업시간을 적절히 배분합니다.

기반이 있어야 영화를 만들 수 있습니다. 영화 제작을 하려면 그 전에 내용에 대한 충분한 이해와 다양한 관련 지식을 쌓도록 해야 합니다. 강의도 듣고, 책도 읽고, 논문도 읽고, 면담도 하고, 기사도 찾고…… 학습을 바탕으로, 영화 제작은 교육적으로 의미 있고 보람된 결과를 가져올 수 있습니다. 어떤 팀 학습이든 학생들에게 "알아서 해 봐."가 아니라, 제대로 학습할 수 있도록 기반과 환경을 만들어 주는 것이 중요합니다.

넷째, 영화 제작을 위한 사전교육을 제공하고 동기와 책임감을 제고합니다.

영화는 대부분 친숙하지만 제작해 본 경험은 없습니다. 영화 제작을 위해 기초적인 교육이 필요합니다. 영화 제작 프로젝트를 한다는 점을 강의계획서에 적시하고, 학기 초부터 영화를 왜 제작하는지, 무엇을 기대하는지, 어떠한 결과가 예상되는지 설명하고 준비할 필요가 있습니다. 이제는 학생들이 각오하고(!) 수강합니다. 교수자가 영화 제작에 대한 전문성이 있어야 할까요? 필요한 자원의 소개와 연결, 영화 제작 과정에서 적절한 개입과 지원이면 충분합니다.

영화 제작만이 정답은 아니지요? '보고서 대신 영화'라고 학생들에게 설명하고 권유했지만, 영화 제작은 중고등학교 때 수행평가로 해 보기도 하는 UCC 제작과도 비교되지 않는 고난도의 프로젝트입니다. 전공과 과목에 따라 의미 있게 제작하는 모든 것들이 프로젝트학습에 포함됩니다. 적절한 프로젝트의 종류는 앞에서 설명한 유형과 예를 참고하여 창의적이고 효과적으로 접근해 볼 수 있습니다.

대학에서 지식을 배울 뿐 아니라 배운 지식을 실제 현장과 연결해 보고 의미 있는 결과물을 함께 창조해 보는 경험, 프로젝트 기반 팀 학습을 통해 그런 경험을 제공하고 지원해 보기 바랍니다.

## 온라인 수업에서 팀 학습

**온라인 수업**에서도 팀 학습이 가능할까요?
가능합니다! 그리고 효과적입니다!

대면에서의 팀 학습을 온라인에서도 적용해 보았고, 부족하지만 팀 활동이 가능함을 확인하였습니다. 특히 실시간 화상 수업을 잘 활용하면 됩니다. 적절하게 관리하는 경우, 팀 학습이 더욱 원활하게 이루어지기도 합니다. 가상의 공간에서 만나 물리적인 이동 시간이 줄고 개별 PC에 접속한 환경으로 공동 작업 수행과 결과 확인에 효과적인 면도 있습니다.

수업 모형은 앞서 설명한 **플립러닝**을 추천합니다. ① 동영상 강의, ② 실시간 수업, 실시간 수업, ③ 실시간 수업, 동영상 강의, 대면 수업 등으로 운영할 수 있습니다.

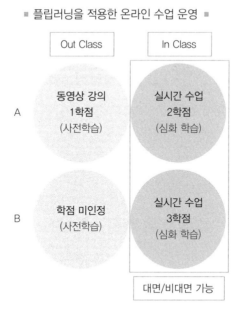

■ 플립러닝을 적용한 온라인 수업 운영 ■

온 · 오프라인 모두 적용되는 팀 학습의 중요한 사항 몇 가지만 소개합니다.

1. 실시간 수업에서는 '강의'말고 **'상호작용'**을 하라.
2. 실시간 수업은 팀 학습(소회의실 운영)을 포함하라.
3. **사전학습**을 바탕으로 실시간 수업과 팀 학습을 운영하라.
4. **학습관리시스템**(LMS)을 통해 사전학습을 확인 및 피드백하라.
5. **'팀 빌딩'** 30분으로 진정한 팀 학습을 시작하라.
6. 수업 중에 이루어지는 **토의형 팀 학습**을 하라.
7. 효과적인 팀 학습을 위한 **다양한 환경**을 조성하라.
   (수업 규칙, 학습 성찰, 팀 학습 결과 공유, 기여도 평가 등)

첫째, 실시간 수업에서는 '강의'하지 말고 **'상호작용'**하세요. 학생들이 가장 싫어하는 수업은 줌(Zoom)에서 '일방향 강의'를 하는 것입니다. 강의는 반복해서 시청할 수 있는 동영상으로 제공하고, 실시간 수업은 상호작용 중심으로 운영하세요.

둘째, 실시간 수업은 **팀 학습**을 포함하여 운영하세요. 줌에서 소회의실 기능을 잘 활용하면 팀 학습을 충분히 그리고 효율적으로 운영할 수 있습니다. 실시간 수업에서 교수자와 학습자의 상호작용, 학습자와 학습자의 상호작용을 위한 장을 만들어 주세요.

셋째, **사전학습**을 바탕으로 실시간 수업과 팀 학습을 운영하세요. 동영상이든 교재든 사전학습하게 하고, 이를 기반으로 실시간 수업을 설계하면 강의 부담은 덜어 내고 심화와 적용, 팀 학습을 위한 시간을 마련할 수 있습니다.

넷째, **LMS**를 통해 사전학습을 확인하고 피드백하세요. 사전학습의 확인은 학생들의 참여 동기와 책임감을 제고합니다. 사전학습 자율 요약 해 오기, 질문과 소감 올리기 등 적절한 확인 과정을 마련하고, 이에 대해 수업 중에 혹은 LMS를 통해 피드백하면 더욱 효과적입니다.

다섯째, '**팀 빌딩**'으로 진정한 팀 학습을 시작하세요. 팀 학습이 잘되려면 팀 빌딩이 매우 중요합니다. 팀 빌딩 30분으로 팀 학습이 원활하게 시작되고 진행될 수 있습니다. 해야 할 것들과 시간, 결과 공유 방법을 정확히 안내하면, 줌 소회의실에서의 팀 학습은 비대면보다 더 짧은 시간에 더 잘합니다!

여섯째, 수업 중에 이루어지는 **토의형 팀 학습**을 추천합니다. 수업시간 내에 이루어지는 팀 학습은 무임승차와 부담이 줄어듭니다. **사전학습 기반 팀 학습**으로 수업시간에 완결되는 팀 학습을 해 보세요. 팀 학습은 짧게는 10~20분, 길게는 30~50분도 가능합니다. 중요한 것은 양보다 질, 가장 중요한 과제로 한 수업에서 한 번의 팀 학습 운영만으로도 충분합니다.

일곱째, 효과적인 팀 학습을 위한 **다양한 환경**을 조성하세요.

수업 규칙, 팀 규칙, 학습 성찰, 기여도 평가 등 팀 학습의 비법은 온라인 수업에서도 동일하게 효과를 발휘합니다. 비디오 화면의 이름에 팀 이름도 함께 명시하면 팀 소속감은 더 커지겠지요?

오프라인에서도 쉽지 않은 팀 학습, 그러나 온라인에서도 가능하며 효과적입니다.

이제 우리에게는 두 가지 무기가 생겼습니다. 대면과 비대면 수업에서 모두 사용할 수 있는 무기! 불가피한 상황에서도, 필요한 상황에서도 이제 효과적으로 수업을 운영할 수 있으리라 믿습니다.

## 🔆 대학에서 처음 가르치는 분께 드리는 작은 팁

• 교육 전문성은 내용(지식), 방법(기술), 태도로 구성됩니다.

교수자에게 내용 전문성은 기본이고, 방법(대학생의 특성에 맞게 잘 가르치는 기술)
은 조금 노력하면 됩니다. 이 책을 본다는 것은 방법 전문성을 쌓기 위한 노력이지
요. 교수자의 태도가 정말 중요한데, 교수법은 부족할지라도 '진정성'(학생을 사랑하
고 위하는 마음)이 학생들에게 전달된다면 훌륭한 교수자입니다.

• 과거의 교육 경험은 잊고, 우리 학생들을 믿고 새롭게 도전해 보세요.

교육학 관련 연구자 외에는 교육과 수업에 대한 학습 기회가 많지 않았기에, 수업을
하려고 하면 과거 내가 받았던 수업의 기억이 떠오르고 그에 준해서 수업하는 경우
가 생깁니다. 좋은 수업이면 좋지만 그렇지 않은 수업이면 큰 문제지요. 학생들은 새
로운 시대를 살아갈 미래의 주역들, 올바른 방향이고 적정한 수준이라고 생각하면 팀
토의와 팀 프로젝트도 잘하고, 예습도 잘해 옵니다. 새로운 도전 마음껏 해 보세요.

• 교수자의 강점을 살리고, 하나씩 조금씩 시도해 보는 것도 좋습니다.

차분하게 설명을 잘하는 분도 있고, 역동적인 수업을 전개하는 데 장점이 있는 분도
있습니다. 교수자의 특징과 강점은 가장 중요한 자산입니다. 이것을 더욱 잘 살리면
서, 새로운 방법들, 예컨대 새로운 에듀테크 활용, 플립러닝과 같은 새로운 교육방법
적용 등을 한 학기에 하나씩 도입해 보고 점차 늘려 가는 것을 추천합니다.

• 교수법보다 더 중요한 것은 교육철학입니다.

'최고의 교수법'은 없습니다. 다양한 교육방법과 교수법이 있고, 필요에 따라 적절히 사용하면 됩니다. 그러나 무기가 많으면 많을수록 전투력이 높아지듯이, 다양한 교수법을 접하고 배워 둔다면, 학생들을 위해 사용할 만한 방법이 많아지는 것이고 수업의 효과를 높일 수 있겠지요. 무엇보다 중요한 것은 교육의 목적과 방향에 대한 성찰, 좋은 수업의 가장 큰 기반은 교육철학입니다.

• 기본은 있습니다.

수업시간 준수(시작과 종료 시간 준수), 수업 용어로 경어 쓰기, 강의계획서의 충실한 작성, 도입–전개–정리로 수업 진행, 학생 과제에 대한 피드백, 강의 중간 평가 결과 반영 등 기본은 늘 통합니다!

# 후주

## 제1장 대학에서 교육과 수업

1  교육의 봄 외(2021). 채용이 바뀐다 교육이 바뀐다. 우리학교.

2  Partnership for 21st Century Learning (2007). *Framework for 21st century learning.*

3  박수정(2021). 학교제도, 새로운 상상이 필요하다. 박수정 외 공저. 오늘의 교육 내일의 교육정책. 학지사.

4  충남대학교 교수학습지원센터 CNU Teaching System (https://ile.cnu.ac.kr/ile/ctl/teach01.do)

5  박수정, 박상완, 이현정, 박정우, 김경은(2020). 교사 역량 측정도구 개발 연구: 4C 역량을 중심으로. 한국교원교육연구, 37(2), 167-192.

6  장경원(2014). AI(Appreciative Inquiry)를 활용한 대학의 좋은 수업 특성 분석. 한국교육문제연구, 32(1), 137-160.

7  안지혜(2014). 좋은 대학수업의 특성에 대한 문화기술적 사례연구. 열린교육연구, 22(1), 163-191.

8  변기용(2020). 근거이론적 방법의 이론화 논리와 과정: K-DEEP 프로젝트와 후속 연구과제 수행(2013~2019)을 중심으로. 한국교육행정학연구, 38(3), 1-29.

9  변기용(2020). 근거이론적 방법의 이론화 논리와 과정: K-DEEP 프로젝트와 후속 연구과제 수행(2013~2019)을 중심으로. 한국교육행정학연구, 38(3), p. 17.

10  변기용(2020). 근거이론적 방법의 이론화 논리와 과정: K-DEEP 프로젝트와 후속 연구과제 수행(2013~2019)을 중심으로. 한국교육행정학연구, 38(3), p. 23.

11  이길재, 김희성(2022). 한국형 대학기관연구의 발전 방향. 교육행정학연구, 40(4), 27-47.

12  이길재, 김희성(2022). 한국형 대학기관연구의 발전 방향. 교육행정학연구, 40(4), p. 31.

13  서울대학교 기초교육원 교수학습센터 myLearn (https://mylearn.snu.ac.kr/clientDiagIntro/a/m/getClientDiagIntro.do)

## 제2장  대학 수업의 준비: 교수자를 위한 교육학 기초

1  2013 OECD 국제교수학습조사(Teaching and Learning International Survey: TALIS) 교사용 문항

2  OECD (2019). *OECD future of education and skills 2030*.

3  이상수 외(2019). 체계적 수업분석을 통한 수업컨설팅. 학지사.

4  박성익 외(2021). 교육공학과 수업(6판). 교육과학사, p. 51.

5  김성열 외(2021). 미래교사를 위한 교육학개론. 학지사, p. 281.

6  Lorna, M. E. (2013). *Assessment as Learning: Using Classroom Assessment to Maximize Student Learning (Second edition)*. 온정덕, 윤지영 공역(2022). 학습 과정으로서의 평가. 학지사.

7  유진은(2019). 교육평가. 학지사, pp. 27-29.

8  부재율(2020). 과정 중심 평가와 피드백. 초등교육연구, 31(2), 643-662.

9  권성연, 신소영, 김지심(2011). 대학수업의 질 제고를 위한 학습자중심 교육의 중요도와 실행도 분석 : 교수들의 인식을 중심으로. 학습자중심교과교육학회지, 11(1), p. 58.

## 제3장 대학 수업의 계획: 강의계획서 작성

1 박성익 외(2021). 교육공학과 수업(6판). 교육과학사, pp. 67-75.

2 https://www.kcesa.re.kr/index.do

3 https://cft.vanderbilt.edu/guides-sub-pages/blooms-taxonomy/

4 https://ashleytan.wordpress.com/2016/08/31/remaking-the-revised-blooms-taxonomy/

5 이용진, 박인우(2015). 좋은 강의계획서에 대한 교육전문가의 개념도 분석. 교육방법연구, 27(1), 1-20.


## 제4장 대학 수업의 운영: 좋은 수업의 기술

1 4장에 제시된 수업 행동 진단 항목(예시)은 다음 책에서 인용하였다. 박성익 외(2021). 교육공학과 수업(6판). 교육과학사, p. 413.

2 박성익 외(2021). 교육공학과 수업(6판). 교육과학사, pp. 394-399.

3 조용개, 신재한(2011). 교실 수업 전략. 학지사, p. 112.

4 성태제 외(2017). 최신 교육학개론(3판). 학지사, p. 310.

5 권영성(2006). 대학의 강의식 수업에서 교수의 효율적인 교수행동 요인 분석. 연세대학교 대학원 박사학위논문.

6 길양숙(2011). 대학의 수업방법과 교수행동에 나타나는 특징. 한국교원교육연구, 28(4), p. 411.

7 길양숙(2011). 대학의 수업방법과 교수행동에 나타나는 특징. 한국교원연구, 28(4), 405-428.

8 박성익 외(2021). 교육공학과 수업(6판). 교육과학사, pp. 387-392.

9 장경원, 이병량(2018). 토의와 토론으로 수업하기. 학지사, p. 74.

10 장경원, 이병량(2018). 토의와 토론으로 수업하기. 학지사, p. 71.

11  류지헌 외(2013). 교육방법 및 교육공학. 학지사, p. 132.

12  김은영(2021). 자율적 서술형 강의평가를 통한 '대학 수업'에 대한 학생들의 인식 연구. 교육문화연구, 27(2), p. 225.


## 제5장 대학 수업의 평가와 성찰

1  박소연(2020). 평가의 쓸모. 학이시습.

2  이용진, 박인우(2015). 좋은 강의계획서에 대한 교육전문가의 개념도 분석. 교육방법연구, 27(1), 1-20.

3  Greenstein, L. (2012). *Assessing 21st Century Skills: A guide to evaluating mastery and authentic learning.* 권오량, 이찬승 공역 (2021). 수업에 바로 쓸 수 있는 역량평가 매뉴얼. 교육을바꾸는사람들, p. 202.

4  Schön, D. A. (1983). *The reflective practitioner: How professional think in action.* Basic Books.

5  김은영(2021). 자율적 서술형 강의평가를 통한 '대학 수업'에 대한 학생들의 인식 연구. 교육문화연구, 27(2), p. 227.


## 제6장 대학에서 팀 학습

1  6장은 저자가 저술한 『온라인 수업에서 팀 학습 어떻게 할까』(2021, 학지사)를 기반으로 새롭게 작성하였다.

2  박수정(2012). 온라인 수업에서 팀 학습 어떻게 할까. 학지사, pp. 45-46.

3  박수정(2021). 온라인 수업에서 팀 학습 어떻게 할까. 학지사, p. 56.

4  Michaelsen, L. K., Knight, A. B., & Fink, L. D. (2004). *Team-based*

*learning: A transformativeuse of small groups*. 이영민, 전도근 공역(2009). 팀기반학습. 학지사.

5  Bergmann, J., & Sams, A. (2014). *Flipped learning: Gateway to student engagement*. 정찬필, 임선희 공역(2015). 거꾸로 교실: 진짜 배움으로 가는 길. 에듀니티.

6  이혜진, 안문상, 이진구(2018). 대학수업에서 팀기반학습과 플립러닝에 관한 메타분석. 학습자중심교과교육연구, 18(21), 1253-1280.

7  장경원(2019). 학술자료 활용 프로젝트학습 설계 모형 개발. 교육문화연구, 25(1), 103-128.

8  장경원(2022). 프로젝트기반학습과 프로젝트 유형 분류체계 개발. 교육방법연구, 34(2), 448-449.

9  박수정, 박진호, 장은아(2021). 지역사회 연계 프로젝트 수업 사례 분석: 액션러닝 적용 온라인 수업을 중심으로. 학습자중심교과교육연구, 21(10), 949-966.

10  진동섭, 한은정(2013). 예비교사 양성과정에서의 스마트폰 영화 제작 활용 교수법에 관한 탐색적 연구. 교육학연구, 51(1), 107-136

11  진동섭(2022). 교육디자인 이론. 교육과학사.

# 찾아보기

# 저자 소개

**박수정** (충남대학교 교육학과 교수)

서울대학교 역사교육과를 졸업하고 동대학교 대학원 교육학과에서 교육행정학을 전공하였다. 석사과정을 마치고 역사교사로 근무하였고, 박사과정을 마치고 2010년부터 충남대학교 교육학과 교수로 재직하고 있다. 교사 전문성 개발, 학교 변화, 지방교육자치, 교육행정사, 팀 학습 등을 전문적으로 연구하고 있으며, 현장과 소통하는 연구자를 꿈꾼다.

대학 수업을 하면서 팀 학습과 관련되는 교수법을 전문적으로 공부하고 수업 사례를 학술논문으로 발표하였다. 전국의 대학과 전문대학에서 200회 이상 교수법 특강 및 워크숍을 실시하였고, 팀 학습 방식의 실습 중심으로 진행하였다. 이러한 강의 콘텐츠와 필요한 설명을 책으로 충분히 담고자 준비하다가, 2020년부터 전면적인 원격교육 상황에 마주하게 되어 『온라인 수업에서 팀 학습 어떻게 할까』를 먼저 집필하였다.

그리고 이번에 대학 교수자를 위한 기본적인 대학 수업 안내서를 새롭게 집필하였다. 대학에서 처음 수업을 하거나, 좋은 수업을 고민하는 교수자들에게 도움이 되기를 기대한다.

이메일: edupark37@gmail.com
교수법 특강: 대학 수업, 팀 학습, 마이크로티칭, 수업 컨설팅, 교수자 학습공동체 등

## 주요 경력
(현) 충남대학교 교육학과 교수
충남대학교 대학교육개발센터장, 교육연구소장, 교직부장
한국교육행정학회, 한국교원교육학회 이사
교육부 혁신공유대학 선정평가위원
교육부 전문대학 마이스터대학 선정평가위원
교육부 전문대학 링크플러스 선정평가위원
교육부 교원양성기관역량진단 실사평가위원
교육부 시도교육청 평가위원

## 주요 저서
『온라인 수업에서 팀 학습 어떻게 할까』(학지사, 2021)
『오늘의 교육 내일의 교육정책』(공저, 학지사, 2021)
『대학 수업의 탐구와 성찰』(충남대학교 출판문화원, 2015)

대학 교수자를 위한 교육과 수업 안내서

# 대학 수업은 처음입니다
Teaching Guide in University

2023년 2월 5일 1판 1쇄 인쇄
2023년 2월 10일 1판 1쇄 발행

지은이 • 박수정
펴낸이 • 김진환
펴낸곳 • ㈜**학지사**

04031 서울특별시 마포구 양화로 15길 20 마인드월드빌딩
대표전화 • 02-330-5114　팩스 • 02-324-2345
등록번호 • 제313-2006-000265호

홈페이지 • http://www.hakjisa.co.kr
페이스북 • https://www.facebook.com/hakjisabook

ISBN 978-89-997-2836-5　93370

정가 14,000원

출판미디어기업 **학지사**

간호보건의학출판 **학지사메디컬** www.hakjisamd.co.kr
심리검사연구소 **인싸이트** www.inpsyt.co.kr
학술논문서비스 **뉴논문** www.newnonmun.com
교육연수원 **카운피아** www.counpia.com